日本人として知っておきたい「世界激変」の行方

中西輝政
Nakanishi Terumasa

PHP新書

日本人として知っておきたい「世界激変」の行方

目次

第一章　トランプのアメリカで世界に何が起きるか

第二章　日露〝北方領土〟交渉と売国の危機

第三章 介入か孤立か――パックス・アメリカーナの行方

第四章　「グローバリズムの限界」に直面し流動化する世界

第五章

「地獄のオセロゲーム」化するアジア

第六章　これから十年、日本はどうすべきか

第一章

トランプのアメリカで世界に何が起きるか

グローバリズムの終焉とトランプを生んだ「三すくみ」

ドナルド・トランプ大統領の誕生——二〇一六年十一月の大統領選挙の結果は、世界を震《しん》撼《かん》させた。当初、七五％などといわれていたヒラリー・クリントンの勝率が、開票が進むにつれてみるみる落ち、トランプに逆転されていく様は、まさに壮観でさえあった。

もちろんこの結果を受けて、さまざまな声が溢《あふ》れることとなった。「これからいったい何が始まるのか」「世界はどう動こうとしているのか」「これは大きな危機の始まりではないのか」……。

当選直後の二〇一六年十一月二十一日（その四日前の十一月十七日、トランプ・安倍会談が世界の注目を集めて行なわれた）、トランプが早速、わが日本に対しても強烈な先制パンチを放った。「来年一月の就任式のその日にＴＰＰ（環太平洋戦略的経済連携協定）から脱退する」と全世界に対し、あらためて明確に表明したのだ。これで結果的にアメリカは、アジア太平洋圏の貿易ルールをめぐる主導権を中国に与えることになる。また外交・安全保障上、膨張する中国を抑止する包囲網づくりの重要な枠組みとなることを期待されたＴＰＰが、ほかならぬアメリカの離脱によって雲散霧消することになってしまった。やはり、これは大きな危

演説をするドナルド・トランプ（AFP=時事）

機の到来といわざるをえないだろう。

だが、こういうときにこそ、大局を見据えねばならない。背景にある大きな潮流がわからなければ、結局のところ事を見誤るだけだからである。

思えば、トランプ大統領の誕生も、あるいは同年六月のイギリスのＥＵ離脱を決めた国民投票も、さらには、ますます強まる近年のロシアや中国の覇権主義的な動きも、この大きな潮流を見据えてさえいれば、すぐに理解できる性質のものであった。

その大きな潮流こそ、かねて私が主張していたこと――「グローバリズムの終焉」にほかならない。グローバリズムの終焉という状況を大きな時代背景として、「英国のＥＵ離脱」も「トランプの勝利」も、そして「プーチンの進撃」も見ていく必要があるのである。

しかもこのグローバリズムの最終局面で、これまで経済と政治の各方面で世界のグローバル化を推進してきた、いわゆる「グローバリスト陣営」に、いま分裂の傾向が見えはじめた。それが、今回のアメリカ大統領選のなかで明瞭に浮上し、トランプ新政権の性格を見るうえでも重要な意味を持ちはじめている。

「アンチ・グローバリスト」の怒りがトランプを押し上げたとされるが、同時に従来のグローバリズムの推進勢力が、いうなれば「オールド・グローバリスト」と「ネオ・グローバリスト」の二つに分裂し、この三者がそれぞれの思惑で動き、三すくみにせめぎ合っている状況が、トランプの勝利を現実化したのである。

終末期の堕落形態として登場した「ネオ・グローバリスト」

まず、簡単にグローバリズムについて振り返りたい。いま誰の眼にも明らかになっているのは、グローバリズムとはつまり、一九八〇年代の米英の経済的苦境と日独の台頭を受けて、いま一度アングロサクソンの覇権を取り戻すためにつくられた「神話」にすぎなかった、ということである（グローバリズムについてのより詳細な分析は本書第四章で述べる）。

この動きは、さらに「冷戦の終結」から「ソ連の崩壊」へと至る流れを受けて、アメリカ一極体制下でのグローバリゼーションの進展が、あたかも未来永劫に続くかのような輝きを見せた。米国の国際政治学者フランシス・フクヤマの「歴史の終わり」論は、〝グローバル時代〟がまさに今後もずっと続くかのようなイメージを人びとに植え付けた。

だが、それは幻想にすぎなかったのである。「一極支配」を完成させたかと思われていたアメリカは、その後間もなく、イラク戦争やリーマン・ショックなど大きな失策を繰り返し、一方で、決意を固めてアメリカ一極体制に挑戦しはじめた中露の反撃を招く。経済的にもアメリカはじめ先進国での「格差」がもはや許容できないほどに広がり、民主主義の社会に「圧制」を呪う怨嗟《えんさ》の声が溢れる。そして、いつ果てるとも知れぬテロとの戦争が世界に広がり、難民が世界中に溢れ、不安と反感が地に満ちる。

ここまで矛盾が噴出してくれば、世界はもはや耐えられず、大きく軋《きし》みだす。この状況下に、次の三つの勢力が生まれるのである。すなわち、①オールド・グローバリズム、②アンチ・グローバリズム、③ネオ・グローバリズムという三勢力である。

①オールド（旧）・グローバリズムとは、これまで世界の経済と政治の「グローバル化」を主導してきた（主としてアングロサクソン系の）大手金融機関や投資家、それを取り巻くメ

ディアや主要先進国の既成政党などのことであり、わかりやすくいえば今回の米大統領選挙でヒラリー・クリントンを支持したようなエスタブリッシュメント勢力である。『ニューヨーク・タイムズ』や『フィナンシャル・タイムズ』など米欧のリベラル系の政治・経済メディアも当然、このなかに含まれる。

しかし彼らは、このままグローバリゼーションの潮流を加速させてゆけば、民主主義社会やリベラルな国際秩序にとって脅威になるようなテロや保護主義、極右排他勢力を生み出していくことを強く懸念しはじめていた。

②アンチ（反）・グローバリズムとは周知のように、①の金融エスタブリッシュメントが法外な富を手にする反面で、職を失ったり薄給を強《し》いられつつある人びとと、その代弁者になろうとする勢力である。二〇一六年の米大統領予備選で民主党のバーニー・サンダースに共感を覚えたり、ヒラリーの「ウォール街の代理人」とされたイメージを強く嫌った人びと、さらには本選で、本音だったかどうかはわからないが〝隠れトランプ〟として投票した人びと。トランプの見せかけの「反格差」の訴えに共鳴した層も、広く取って一括すると、ここへ入るだろう。

③ネオ（新）・グローバリズムが最も不可視かつ複雑である。じつは近年、前述のように

「格差」などグローバリズムの弊害が深刻化することの不安や、国際政治における中露の挑戦が明らかになるなかで、「オールド・グローバリスト」たちは体制維持のために、金融規制や中露への制裁・抑止などの手段で、冷戦後の国際秩序の再調整を試みようと動き出しつつあった。それに反発し、「いままでのグローバル・ゲームを終わらせるな」「俺たちにもっと儲けさせろ」「世界がどうなろうと構うもんか」とばかりに、ニヒルな調子でいっそう強くグローバル化の推進を主張しているのが、「ネオ・グローバリスト」と呼びうる勢力と位置付けられるだろう。

端的にいえば、新興のヘッジファンドやIT業界関係者（とりわけSNS＝ソーシャル・ネットワーキング・サービスの開発者）とそれに耽溺《たんでき》するフォロワー、あるいはネオコン（新保守主義）の残党勢力である。

彼らを一言でいえば、古いグローバリストたちが口にしてきた人権や民主主義といった普遍的価値や理想をあえて軽視し、原理主義的なスタンスで新自由主義的な主張を押し出すかと思えば、逆に奇妙なことに「アンチ」派と共鳴して、「アメリカ第一」というスローガンに寛容な姿勢を見せたりする人びとである。その共通の心理構造は、理念や理想に対しては斜に構えて、シニカルな視線で「儲かりさえすれば（アメリカさえよくなれば）、あとは知るか」という類のニヒリズムである。

「オールド・グローバリスト」には、まだしもリベラルながら、ある種の「国家観」や「普遍的価値観」があった。だが「ネオ・グローバリスト」は、あえて名づければ「グローバル・アナーキスト」あるいは「ライトウィング（右翼的）・グローバリスト」と呼ぶべき存在である。無国籍で、人間性と普遍的価値の理念を重んじることなく、徹底的に自己利益のみを追求する。

これを大局的にいうなら、グローバル化が終焉へと向かう大きな潮流のなかで、終末期の「あだ花」として登場した究極の堕落形態ともいえるだろう。

「アンチ＋ネオ連合」の同床異夢

たしかに、トランプ大統領の当選（さらにいえばイギリスのＥＵ離脱）を後押ししたのは、表面的には「アンチ・グローバリスト」たちであった。彼ら（多くは庶民階級）は、エスタブリッシュメントに属する人たちがヒラリーを支持したり、ＥＵ残留を後押しすればするほど反感を高め、それに反対する行動を取ろうとした。「もうたくさんだ」というのが、彼らの素直な叫びであった。

しかし注意しておくべきなのは、上述の「ネオ・グローバリスト」たちが、この潮流に便乗したことである。彼らは、「オールド・グローバリズム」勢力が、いまや世界中で一斉に噴き出てきた急速な「グローバル化の矛盾」に遅ればせながらしぶしぶ対応するために進めようとしていた諸々の規制を何としても押し返し、粉砕したかった。そのために、〝敵の敵〟である「アンチ・グローバリスト」側の政治勢力を勝たせるべく、莫大な資金とコミットメントを投じたのである。

この構図は、二〇一六年六月の「ブレグジット（英国のEU離脱）」を決めた国民投票の過程をつぶさに見れば、いっそう明瞭に見えてくる。具体的には、ロンドンの「シティ」の大金融エスタブリッシュメントや大メディア、外国人コミュニティはEU残留を唱えた。だが、そのシティのなかのヘッジファンドなど新興金融勢力は、EUの規制を嫌って、アンチ・グローバリスト陣営の離脱派に大量に資金を提供して「ブレグジット」を実現させたのである。

つまり有り体にいえば、「アンチ＋ネオ連合」が、「オールド」のエスタブリッシュメントを薙《な》ぎ払ったのだ。

もちろん「アンチ」と「ネオ」は元来、同床異夢である。「アンチ」派からすれば、グローバリズムに反対しようと立ち上がったら、じつは最も堕落したグローバリストに操られていたようなものである。

利害の異なる両者の矛盾と葛藤、そして再び「三つ巴《どもえ》」になった三勢力間の主導権争いが、今後の経済政策と政治における大きな不安定要素となる可能性が高い。いずれにしても「ブレグジット」の先行きに漂いはじめた不透明さとともに、トランプ政権の行方も、つねにこの三つ巴の構図から分析していくことが求められるのである。

トランプ政権が「オールド・リベラリズム」を揺るがす

外交戦略にも、この構図は象徴的に表われている。

そもそもアメリカの政治・外交の方向性を見定めるためには、つねに世論やメディア、金融界を含めた経済界など、広くアメリカの全体像を捉える必要がある。つまり、日本の外務省や日米関係専門家の評論のような、ワシントンの「定点観測」だけではとうていわからず、ニューヨーク、シカゴ、ロサンゼルス、さらには中西部「ラストベルト（錆《さ》びついた工業地帯）」など、各地の実情も観測しておかねばならないということである。このことは、とくに二〇一八年の米議会中間選挙、そして二〇二〇年のトランプ再選戦略を睨《にら》んで陣営が早くも動きだしている以上、きわめて重要な観察点として意識しておく必要がある。

そのなかでもとりわけ、アメリカの東アジア外交において重要なカギを握っているのは「ニューヨーク」である。これまでこの地は「オールド・グローバリズム」の牙城であった。近年、ニューヨークの経済界では、ユダヤ系に次いでアジア系、とりわけ中国系の経済人のプレゼンスが高く、米の大手メディアだけでなく、国連などの国際機関や主要シンクタンクなどに少なからぬ影響を及ぼしている。

従来から、オールド・グローバリズムの勢力を代表し、アメリカの国策の一大発信拠点になっている典型例は、つとに有名なCFR（外交問題評議会）である。一九二一年に発足したCFRは外交・国際政治の雑誌として権威の高い『フォーリン・アフェアーズ』を編集・発行するシンクタンクである。

またCFRでは『フォーリン・アフェアーズ』とは別に、シンクタンクの考えとして出している、さまざまな報告書もある。ちなみに最近、私が最も注目したCFRの報告書の一つは、アメリカの対北朝鮮政策に関するものであった。同報告では、まず北朝鮮とのあいだで「六カ国協議を再開し、北朝鮮に核開発の放棄を促す」とある。ここまでは耳にタコができるほど繰り返されてきた話である。ところが驚くべきことに、次いで「もしそれに応じなければ、北朝鮮への空爆を行なうべし」と書かれていたのである。

本来、リベラルでバランスの取れたリアリズム外交を本旨とするCFRが、ついに「北朝鮮を空爆せよ」といいだしたことは、その影響力を考えると、日本も無関心ではいられないはずだ。これはトランプの対北政策に大きな「追い風」になる可能性もある。「オールド・グローバリズム」派の変質をよく示している、といえるかもしれない。

CFRに代表されるニューヨークの「グローバリズム・エスタブリッシュメント」はこれまで、アメリカの政策の議論と方向付けを行ない、主として「オールド・グローバリズム」の金融資本とともに、たびたびワシントンの政権中枢と一体となって動いてきた。

だが、それがいま「グローバル・アナーキスト」たるネオ・グローバリズムの勢力の浮上と、彼らが後押しするトランプ政権の誕生により、大きく揺らぎつつある。

ネオ・グローバリズム勢力の「利潤のためなら誰とでも手を組む」というニヒリズムは、裏を返せば中国との結託や、北京からの対米工作に対する脆弱さをも意味している。

オールド・グローバリズムのエスタブリッシュメントの人たちが「中国脅威論」や「対中警戒論」を唱えだしたのは、彼らのあいだで「覇権国アメリカを守れ」という一抹の国家観、あるいは「アングロサクソン(いまやユダヤ系のエリートもここに含まれる)のエスタブリッシュメント」としての自覚が、まだしも存在するからだ。

しかし、ネオ・グローバリズムに与《くみ》する人びとに、そうした国家意識は感じられない。彼らがそうだというわけではないが、たとえばトランプ政権で商務長官就任が有力視されているウィルバー・ロスも、すでに早くからエスタブリッシュされた知日派の投資家である。財務長官に擬せられているスティーブン・ムニューチンと同様、近年、ネオ・グローバリズム派の政策論と人脈に近い立ち位置へと変わってきた人物だ。

たしかに彼らが「ネオ派」だと見なすことには問題があるが、トランプ政権と「ネオ派」とをつなぐパイプ役として、早くからトランプの大統領選キャンペーンを支えた有力なヘッジファンダーのカール・アイカーンと同様、重要な役割を果たすとする見方もある。

さらに、選挙中からトランプ陣営の経済アドバイザーとして重要な位置を占めている、と伝えられていたジョン・ポールソン（アメリカのヘッジファンド・マネージャー。二〇〇七年、サブプライム危機に乗じて莫大な利益を上げる。元ブッシュ政権の財務長官で、ゴールドマン・サックスのCEOを務めたヘンリー・ポールソンとは混同しないように）のような人物となると、ネオ・グローバリストのキャラクターを色濃く帯びている。

そのジョン・ポールソンは、つとに「中国は敵国ではない」とはっきり述べてきた。むしろ、「中国との協力関係でアメリカはヨーロッパに比べ大きく出遅れており、儲けを独占されている。われわれにとって、それは大いに迷惑だ」という認識である。ちなみに前記のヘンリー・ポールソンも、親中ということではジョンに劣らないニューヨークの「親中派右代表」である。

ジョン・ポールソン（AFP=時事）

トランプ政権の陣営のなかに萌芽的に見える「親中的な兆候」は、われわれ日本人にとっては大いに気になるところだが、それについて、たとえばトランプの安全保障担当のアドバイザーを務めるジェームズ・ウールジー元ＣＩＡ（中央情報局）長官は「アメリカがＡＩＩＢ（アジアインフラ投資銀行）に参加しなかったのは『戦略的な誤り』だった」という考えがトランプ陣営のなかにある、と香港紙『サウスチャイナ・モーニングポスト』に語っている（『読売新聞』二〇一六年十一月十二日付）。

ウールジーは、ＣＩＡ、国防総省で長くアジアの安全保障やインテリジェンス（情報・諜報）に携わった経歴を持つ、安全保障のプロ中のプロである。その彼がトランプのブレーンに加わり、中国主導のＡＩＩＢに参加すべきだったのでは、というニュアンスのことを発言しているのだ。

このウールジー発言から浮かび上がるのは、トランプの周辺もしくは本人が、表向きは「ＴＰＰはアメリカの労働者の雇用を奪うから」という理由で反対したが、その背後では、チャイナビジネスに早くから携わってきたトランプとその人脈が、もしかすると「中国抜きのＴＰＰに何の価値があるのか」さらには「それならＡＩＩＢに入ったほうがよほどアメリカの国益になる」と考えている可能性もないとはいえない、ということである。

ジェームズ・ウールジー（ロイター／アフロ）

トランプ政権の対中政策全体が、こうした色彩で染め上げられるとはいわないが、ドナルド・トランプが選挙中から、理念や価値観とは無縁の「ネオ・グローバリスト」との共鳴を感じさせるニヒリズム的な現実主義の発露を繰り返し見せてきたので、その対中姿勢を、われわれとしては腰を据えてじっくりと見てゆく必要があるのである。

アメリカが「普通の国」になる日

今回の「トランプ勝利」を通じてもう一つはっきりしたのは、アメリカで始まってきた「普通の国アメリカ」の浮上である。

アメリカはその建国以来、「われわれは特別な（あるいは例外的＝エクセプショナルな）国」である、という意識を色濃く持ち続けてきた。拙著『アメリカ外交の魂――帝国の理念と本能』（文春学藝ライブラリー、二〇一四年）で詳しく紹介したが、一六三〇年にピューリタンを率いてアメリカに渡り、マサチューセッツ湾植民地を建設したジョン・ウィンスロップの言葉は、まことに象徴的である。

「われわれは丘の上の町になるべきだ」

つまり、アメリカには世界のすべての人の目が注がれており、それゆえ、われわれは世界の道徳的模範にならなければいけない、という思考である。これは、リンカーンもウィルソンもルーズベルトもケネディもレーガンも、それこそ、ほとんどすべての大統領が強調してきた言葉であった。

アメリカは、世界の警察官を自負し「対外介入主義」を取っていた時期も、あるいは「孤立主義」（正確には「対外不介入主義」というべき。本書第三章で詳述するが、「孤立主義」という言葉は元来、対外介入を「アメリカの責務」と主張する「国際主義」つまり積極介入主義の立場から、その政敵である不介入主義を貶《おとし》める政局的な言葉であった）を取っていた時期も、共通して「理念の共和国・アメリカは特別な国」（アメリカ例外主義、アメリカン・エクセプショナリズムともいう）という理想主義を、その根底に置いていた。

ところが、トランプはこの「アメリカは特別な国」という言葉をとりわけ嫌う。

そのことを、『読売新聞』二〇一六年十一月十二日付の記事「トランプ氏『特別な国』目指さず」（読売新聞企画委員・大塚隆一氏）がよく描き出している。

「（トランプ氏は）『（アメリカは）特別な国』という言葉は『好きではない』と繰り返してきた。『ドイツ人も日本人も中国人もそんな言葉は聞きたくないはずだ』と述べたこともある。（中略）『（アメリカは）特別な国』という表現には道徳的、宗教的な色合いが感じられるが、ト

マサチューセッツ湾植民地を建設したジョン・ウィンスロップ

ランプ氏はこれに限らず、自由や平等など米国の思想や価値観を積極的に取り上げることはなかった。倫理や道徳は語らず、物事の善悪や正邪に触れることもほとんどなかった」

実際、彼の有名な「Make America great again」というスローガンにある「great」の語にも、じつは「偉大な」というニュアンスはないように感じられる。むしろ、それは道徳的な立派さを伴わず、単純に「大きい存在」「スゴイ存在」というほどの意味である。

しかし、われわれ「旧世界」の人間にとっては、アメリカが国民の雇用をはじめ「アメリカの利害」にもっぱら焦点を当て、ひたすら国益を追求する外交姿勢はむしろシンプルであり、じつにわかりやすい。

「アメリカ・ファースト（アメリカ第一）」と繰り返し叫ぶトランプが追求する政策は、当然ながら多かれ少なかれ孤立主義に傾斜するだろう。しかし、その孤立主義は、理想主義に裏打ちされていた、かつて第一次世界大戦以前の「孤立主義」（正しくは対外不介入主義）とはまるで似て非なるもの、というべきだろう。たとえ表面的には似ているようでも、本質はそれとは対極的なニヒリスティックで戦略的、便宜的なものだからである。

問題は、後述するように稀代の戦略家であるとともに究極の現実主義者、ニヒリストでもあるトランプの外交が今後、世界のさらなる不安定化を惹起するのか否か、ということである。

「トランプ＝ポピュリスト」論の誤り

以上のような認識に基づいて再びトランプ政権の分析を行なうならば、日本人は、ＴＰＰやＡＩＩＢなどの経済問題に加え、政治・外交においても、絶えずアメリカに「梯子《はしご》を外される」可能性があることを肝に銘じておかなければならない。

ここで日本人が犯しやすい誤りとして、トランプに対する二つの誤解を指摘しておきたい。

第一は、「トランプ＝ポピュリスト」つまりトランプを一本調子のポピュリストとしてのみ見る見方の誤りである。トランプの手法は大衆の激情を煽る「ポピュリズム（大衆迎合主義）」の極致だという言説が、大統領選挙期間中、盛んに強調された。一面ではたしかにそのとおりで、トランプは選挙中しばしば、まるで箍《たが》が外れたかのように乱暴な言葉を繰り返していた。

しかし、多くの人びとが指摘しているように、大統領選挙の結果が判明した直後の勝利スピーチにおいて、トランプは「別人」といってよい豹変《ひょうへん》ぶりを見せた。大衆迎合の「さらなる煽り」を期待していた聴衆はすっかり拍子抜けしてしまい、「早く暴言を吐いてくれ」というムードが会場を覆った。

このとき唯一、会場が一体となって盛り上がりを見せたのはトランプがスピーチの最後で「私は皆さんの大統領になることを待ち望んでいます。そして二年、三年、四年、また八年間、できれば皆さんが私たちのために協力したいといってくれることを」という二期八年宣言を行なった瞬間であった。つまり現実主義者トランプの頭のなかには、当選した瞬間、もはや「四年後の再選に向けた計算」しかなかったのである。

選挙期間中の「暴言王」的なイメージは、あくまで選挙に勝つためのもので、選挙後のこの豹変ぶり、つまり一転してリスペクタブルな（尊敬に値する）大統領に成り代わろうとする現在のトランプを見て、日本人のなかには「当選したら、こんなにまともになるんだ。これなら安心できるのでは……」と安易に考えはじめた向きもある。だが、これは典型的な危うい日本的発想といわねばならないだろう。

そもそも、この豹変ぶりこそが、トランプが稀代の戦略家であるとともに、究極の現実主義者、ニヒリストであることを象徴的に示すものであった。つまり、再選をめざすとしたら、その前年（二〇一九年）頃には——あるいはもっと早めに——また元の型破りな、冒険主義のトランプに戻っておかねばならない。あるいは二〇一八年に予定される中間選挙で負けないようにするためには、ときどき支持者へのウケ狙いで、驚くような日本叩きに出てくる可能性もある。つまり、トランプは冷徹な計算に基づいた「何でもあり」の大統領だ、ということを忘れてはならないだろう。

日本人の多くは、この冷徹かつ理性的なトランプの戦略的思考を正面から見据えることがなかなかできない。ここに日本人にとっての一つの危うさがある。

日本の保守陣営が抱くトランプ期待論は筋違い

第二は、日本の一部の保守陣営が抱く「トランプへの期待」論の誤りである。「トランプは日本の核武装を容認するなど、わが国の自立を後押ししてくれる大統領だ」「中国を批判する発言を行なっており、日本の保守派と親和性の高いところがあるのでは……」との期待が日本の保守派の一部に見られるが、これらは典型的な希望的観測にすぎないように思われる。

ここでわれわれが想起すべきなのは、「トランプとレーガンの類似性」である。

一九八〇年の大統領選挙で民主党のジミー・カーターを破って勝利した元俳優のロナル

ド・レーガンは、カリフォルニア州知事の経験こそあれ、トランプと同様、ワシントンの政治にほとんど馴染みのない人物で、しかも、しばしば過激なレトリックで保守層へのアピールを繰り返した。このレーガン大統領は、ワシントン政治の弊害を次々に挙げて「草の根保守」の喝采を受けつつ、他方で新自由主義のレーガノミクスを始めるとともに、外交ではソ連を「悪の帝国」と名指しして反共政策を行ない、中国の共産主義に対しても容赦のない批判を加えて、台湾への武器供与に踏み切ろうとしていた。

ところがそのレーガン政権が、じつは裏では中国に対して前任のカーター政権以上の宥和策を取っており、多くの国家機密上の機微に触れる軍事技術の供与を行なうなど、根深い「親中政策」を推進していたことが、今日では明らかになっている（たとえばマイケル・ピルズベリー著『Ｃｈｉｎａ２０４９』日経ＢＰ社、二〇一五年）。

トランプ政権の対中批判は、あくまでもアメリカ国内の雇用を奪う、人民元安を狙った中国の「為替操作」だけを問題にし、民主主義の思想や主義主張、あるいは戦略的な脅威認識から生まれたものではない。したがって「いつ何どき、対中宥和策に転じるかわからない」ということを、日本としてはつねに脳裏に置いておく必要がありそうだ。

また、すっかり有名になった「日韓の核保有を容認する」という例の発言も、同じ構図である。アメリカの核の傘は、コストをかけずに日本と韓国を縛っておける最大のカードであり、日韓の核保有を認めるなどということは金輪際ありえまい。

「トランプ政権は日本の味方」と捉える日本の一部保守層のナイーブな甘い期待は、「梯子を外される」恐れを多分に含んでいるのである。論より証拠、当選後トランプは早速、「日韓の核保有容認」などといったことはまったく発言していない、と完全否定に転じた。こんなことが平気でできる人物だということを知っておくことが大切なのである。

いずれにせよ、外国に頼って日本の自立を考えるのは筋違いというものであろう。

「普遍的価値」はもはや決定的に時代遅れ

では、日本はトランプのアメリカとどう向き合うべきか。キーワードは「共通の利益」と「日本の自立」である。まず「共通の利益」にしっかり軸足を置いて、日米の協調を維持してゆくことである。

米大統領選挙直後、安倍晋三首相は選挙でのトランプの勝利に対し、「日米同盟は普遍的価値で結ばれた揺るぎない同盟です。絆をさらに強固にし、世界のさまざまな課題に共に協力して取り組みたい。一緒に仕事をすることを楽しみにしています」と語った。

だが、ここまで本稿を読まれた方なら、ニヒルでドライ、じつはきわめて戦略的なトランプの言動を前にしての「普遍的価値」という言葉が、もはや「決定的なまでに時代遅れ」であることは、十分に理解されよう。

一方、トランプに親近感を表明していたとされるロシアのプーチン大統領の祝辞は「米露関係を危機的状況から脱却させるための相互協力や、未解決の国際的な課題への取り組みに期待を表明する」という単純なもので、あのプーチンにしては、甘いトランプ観を持っているように見える。

たしかに、トランプは当初こそ、対露接近を演出するであろうが、やがてトランプのニヒルな現実主義に、きっとあのプーチンでさえ欺《あざむ》かれることになるだろう。たしかにこの二人は似た者同士で、グローバリズムで荒らされた世界にぴったりのコンビといえよう。

というのも、プーチンの発言にも伏線があったからである。じつは『産経新聞』二〇一六年十一月十一日付が報じているが、ロシアのリャブコフ外務次官が「トランプ陣営と選挙期間中から、われわれは緊密に接触し、意思疎通を図っていた」と発言しているのである。この発言は、当選後のトランプに対してプーチン側が早速、「落とし前をつけろ」と凄んでいるのである。

米露間のこのような動きの背後に何があるかは、十分に注目されねばなるまい。少なくともこの両者は、いずれも日本などが一筋縄で相手にできるような連中ではないことだけは、知っておくべきである。

とくに、いま日本の一部には「トランプがロシアに接近し、米露関係が好転するなら、日本が安倍＝プーチン会談を重ねて日露交渉を進め、対露経済支援をしても、もはやアメリカが反対することはなくなるだろう」とナイーブに期待する向きも出てきている。だがトランプのアメリカは、おそらくオバマ以上に強く、日本の対露支援に反対することであろう。もちろんそれは価値観云々というよりも、端的にアメリカの国益を害するからである。

トランプ政権の誕生に見る「唯一の超大国アメリカの衰退と『孤立主義』化」は、一九九一年の湾岸戦争とソ連崩壊以来、四半世紀続いてきた冷戦後の世界秩序がいよいよ本当の終わりを迎えたことを明瞭に示す出来事である。

最も重要な目標は「自立」の二文字

多くの日本人が当時、想像すらできなかった、この「冷戦後世界の崩壊」の先に待っているのは何か。

じつは私は二十五年前のあの時点で、この「冷戦後世界の崩壊」について、突き詰めて考えはじめた。そしてこの二十五年間、「世界秩序暗転の五つのシナリオ」に人びとが目を向けるように訴え続けてきた。

それは「アメリカ一極の時代」は早晩終わりを迎え、急速に「多極化する世界」が定着していくという大きな背景のなかで、次の五つの暗転シナリオに人びとの注意を喚起するものであった。①中東秩序の混乱とテロの蔓延《まんえん》、②ロシア民主化の挫折と暗転、③中国の膨張と軍事大国化、④超大国アメリカの衰退と「孤立主義」化、⑤EUの分裂と欧州統合の挫折である。

詳細は第六章に譲るが、今般のトランプの勝利で、④も含めて、すべての予言が的中したことになる。これは何も自慢したくていっているのではない。むしろ、これらのどの一つも、私としてはけっして起こってほしくはなかった。しかし、その可能性は見えすぎるほど見えていたのである。

だからこそこの二十五年間、そのことを声を大にしていってきたつもりだ。では、どこを見ればそれが「見えすぎるほど見えるのか」。その着眼点について論じるのが本書の目的の一つである。

いずれにせよ、私はいま、じつに清々しい思いで世界を見ている。なぜなら、大局としては、おそらく二十年後の世界はいまよりもうんとよい世界像であろうことが見えてきているからである。ただ、そこへ行くまでの道のりがいかに大変か。そこで、われわれはどうすべきなのか。それを論じるのが本書の第二の目的である。

いまほど日本が「一極として立つ」ことが死活的に重要になってきた時期は明治開国以来なかった、といってもよい。日本にとって今後二十年の最も重要な目標、それは何を措いても「自立」の二文字である。

世界はますます「理念」ではなく、各国の「利害、均衡、調整」で動く時代になる。このまま依存と自閉に終始していては、二十年後の日本の存立は覚束《おぼつか》ない。日本人がかつてなく自立の気概を高め、防衛力をはじめとする自力を画期的に充実させていくことを、この残り少ない平和の時代にこそ進めなければならない。

そのためにも、何度も繰り返すが、大きな潮流を見失わぬことである。もはや、次の時代ははっきりと見えているのだから。

第二章

日露〝北方領土〟交渉と売国の危機

日露交渉の「夢」と「悪夢」

キング牧師流にいえば、「私には一つの夢がある」。それはポスト・プーチン（プーチン後）のロシアで再び、そして今度こそ後戻りしない本当の民主化が始まることである。そのときこそ、日本はそのロシアと「法と正義」に則《のっと》って領土問題を解決して平和条約を結び、本格的な経済・技術協力を大々的に進め、交流や安全保障においても広汎に相互協力を行なって、なおも共産党独裁を続ける中国に対し、北方からも「民主化の暖風」を吹かせていくのである。

そのとき、本当の意味で冷戦は終わり、日本は国際社会において真に名誉ある地位を占めることになる。

人はこれを「時季外れの、他愛ない夢物語」というかもしれない。しかし二十五年前、湾岸戦争が起こりソ連が崩壊したあのとき、誰が今日の混沌たる世界を予測しただろうか。自慢ではないが、私はあのとき、今日の世界をほぼ的確に予想したのである。それゆえ、「悪夢」の予想を的中させたこの私が、今度はもっと人間らしい夢に未来を託すことも少しは許されるのではないか、とそうした反論に対してはいっておこう。少なくともいま、それだけの視野を持つことが日本の未来にとって有益だと確信しているからである。

いまのロシアとのあいだで、領土問題をめぐり重大な合意をめざすのは、一方で日本の国家としての原則や価値観、他方で堅実な外交戦略、いずれの見地から見ても、どうしても疑問や不安がつきまとう。私の見るところ、遠からず必ず到来する、未来のロシアとの真の和解の機会を待つべきではないか。こうした思いが、繰り返し頭をよぎるのである。

ところが二〇一六年十二月に日露首脳会談が行なわれると報道されて以来、「北方領土が本当に戻ってくる!」という、それこそ「夢」のような期待が週刊誌の見出しを飾るようになった。大新聞も〝二島先行〟〝共同統治〟などの「観測気球」のような記事を次々と掲載し、その都度、官邸がそれを否定するという何だか芝居めいた出来事が続いた。

二〇一六年十二月のプーチン訪日と日露首脳会談をめぐる私なりの注目点は、絞っていうならば以下の三点であった。

①まず、日露交渉はつまるところ、領土問題である。その領土問題について、今後の交渉方針として日露両国は一九九三年の「東京宣言」からの離脱をどのくらいはっきりと打ち出し、いわゆる「新しいアプローチ」なるものの内実が明らかになるか、という点である。もっと端的にいえば、いわゆる「歯舞《はぼまい》・色丹《しこたん》だけの二島（先行）返還論」的なニュアンスを、

日本政府はどのくらいはっきり示すのか、言い換えると国後《くなしり》・択捉《えとろふ》という残りの二島の帰属を決定することなく平和条約締結のプロセスに入ることをどのくらい明示的に示すか、ということである。

②その場合、日本国内の世論においては、先に平和条約を結んでしまうと、たとえ国後・択捉を「継続協議にする」といってても「はたしてそれで二島は返ってくるのか」という疑問が広がるかもしれない。この動きを抑え込むために種々の官製・民製の広報活動が行なわれよう。

このとき注目されるのが、従来、「法と正義」という原則に則った四島の返還を強く訴えてきた保守陣営の世論の動向である。歴代内閣が「二島（先行）返還」と見られる解決を避け続けてきたのは、一つには日本国内の保守世論の強い反対が予想されたからである。しかし二〇一五年の「戦後七十年談話」や「日韓慰安婦合意」の例に見られたように、「保守のリーダー」たる安倍首相の採る政策である以上、保守派は批判しづらく沈黙するのではないか、という点である。

③以上の①と②で前提としていた予想は日本国内での報道に基づくものであり、ロシアや欧米での観測報道はかなり違っていた。そもそも、日露両国政府のそれぞれ国内向けの世論

対策の努力は、今回ばかりは技術の枠を尽くしたものになるかもしれない。それゆえ、双方の内外両面でのプロパガンダ戦略が複雑に絡み合うものになろう。

いずれにせよ、今後の日露交渉の行方を左右する要素として、両国とくに日本国内の世論とともに、アメリカのトランプ政権の動向あるいは米露関係の大きな行方にも多大の注意を向けておく必要があった。

アメリカが大統領選挙を終えて新政権への移行期にあたっている時期に、いまや米欧国際社会の「主敵《エネミーNO1》」となった観のあるプーチン大統領を日本に招いて大々的な経済協力の雰囲気を盛り上げた日露の急接近の動きに対して、アメリカのトランプ政権や英国をはじめとするG7諸国は、はたしてどのように対処するのか。とりわけ巷間《こうかん》いわれるように、日露接近によって、はたして中国を牽制することができるのか。国際政治の見地からも、安倍外交による日露接近の行方は大いに注目されたのである。

狂騒的な日露接近の契機となった「八項目の提案」

この日露首脳会談に先立つ二〇一六年九月二～三日、ロシアのウラジオストクで開かれた「東方経済フォーラム」において、安倍首相は、全体会合のなかでプーチン大統領に「ウラジーミル」とファースト・ネームで呼びかけ、次のようにその思いを伝えた。

「あなたと私には、この先、大きな、大きな課題が待ち受けています。限りない可能性を秘めているはずの、重要な隣国同士であるロシアと日本が、今日に至るまで平和条約を締結していないのは、異常な事態だといわざるをえません」

「私は、ウラジーミル、あなたと一緒に、力のかぎり、日本とロシアの関係を前進させる覚悟です」

この言葉を聞いて、私は一瞬、耳を疑った。「ウラジーミル」つまりプーチン大統領は先のクリミア侵略だけでなく、いま欧米メディアでも「世界のお尋ね者」といって悪ければ、「(シリアでの)戦争犯罪人」とすら呼ばれている世界の悪役ナンバー1の指導者なのだから。

けれども、この安倍首相の「覚悟」を裏付けるかのように、日本国内ではシベリア鉄道を北海道まで延伸するという話や、樺太から宗谷海峡を渡って本土に至る大送電線網の敷設、日本―サハリン間の天然ガスパイプライン建設という「薔薇色《ばらいろ》」の話が盛んに報じられた。さらに各種のリーク報道もあってか、「北方領土が返ってくる」という噂に伴って、漁場拡大や温泉開発など日本にとっては夢のような話、いわば「日露プーチン訪日・ドリーム(夢の)プロジェクト」が続々と人口に膾炙《かいしゃ》するようになる。

ウラジオストクでのプーチン大統領と安倍晋三首相（2016年9月2日、SPUTNIK/時事）

この狂騒的ともいえる、昨今の日露接近の動きの大きな契機となっているのが、二〇一六年五月の安倍首相による大規模な対露経済支援策「八項目の提案」を引っ提げてのロシアのソチ訪問であったことは間違いない。そして、じつはこのソチ訪問については、アメリカのオバマ大統領が強く制止したと伝えられる。だが、それを振り切るかたちで安倍首相は訪露し、プーチン大統領と首脳会談を行なったと報じられている。

さらに同年九月二十六日、臨時国会での所信表明演説で安倍首相は、次のように国民に向かって語っている。

「今月（九月二日ウラジオストクで）、プーチン大統領と一四回目の会談を行ないました。

領土問題を解決し、戦後七十一年を経ても平和条約がない異常な状態に終止符を打ち、経済、エネルギーなど日露協力の大きな可能性を開花させる。本年中に大統領訪日を実現し、首脳同士のリーダーシップで交渉を前進させていきます」

この言葉は、日露平和条約の締結に懸ける安倍首相の並々ならぬ意欲を示すものである。

同時に重要な点は、右の国会演説で「領土問題を解決し、平和条約がない異常な状態に終止符を」（傍点筆者）と述べているように、「領土問題の解決」を平和条約締結の前提としていることだ。日露関係の問題とは徹頭徹尾、領土の問題にほかならず、領土問題が解決しないかぎり日露の平和条約締結はない以上、当然のことである。

しかしその場合、解決される、つまり日本に返還（あるいは引き渡し）されることになる領土とはいったい「どの島」なのか。

ここが日露交渉のまさに「肝の肝」なのである。つまり国後・択捉の日本帰属を確定したのちに平和条約を結ぶのか、あるいはそこを曖昧にしたまま条約締結に走るのか。ここが日本が「国家百年の計を誤《あやま》つか否か」の分かれ道だといえるからである。

肝心のプーチンの考えはどうか。プーチン大統領自身が二〇一六年五月にソチで開かれたASEAN（東南アジア諸国連合）首脳との会議で語った内容がある。会議後の記者会見でプーチン大統領は開口一番、きわめて強い調子で「日本に北方領土を売ることはない」と断言したのである。さらに「領土問題は、平和条約の締結と何の関係もない」とも言い放った。ロシアのメディアはこれを大きく報道し、同国の国民にも周知されることとなった。

ここでプーチン大統領がいおうとしているのは、まず日本からの経済協力の見返りに島を渡すのではなく、前のめりになってきた安倍政権の日本を引き付けるために、「引き分け」と称して日本に実質的な屈服を強いるのだ、そのうえで経済上の利益を得るので一挙両得ではないか、という意味だと考えられる。

では、プーチンのいう「引き分け」とは何なのか。それは、一九五六年の日ソ共同宣言で規定された平和条約締結後の歯舞、色丹の二島だけ（北方四島全面積のわずか七％でしかない）の日本への引き渡しが最大限の譲歩だ、ということだと思われる。

もちろん、これは引き分けでも何でもなく、日本の全面屈服にほかならない。それは何も面積の比率（七％：九三％）だけの話ではなく、むしろ、それよりもずっと重要な、国家としての日本の原則である「法と正義」の立場の放棄を意味するからだ。ソ連崩壊後の一九九三年の「東京宣言」以来、日露間で繰り返してきた「歴史的な正義」と「法の支配」の原則に基づいた領土問題の解決という、日本の先人たちの血の滲《にじ》むような努力の上に形成されてきた日本の外交的立場を放棄することになるからである。

プーチン大統領の強硬路線は、これに留《とど》まらない。

二〇一〇年の十一月一日には、現在プーチンの後継者の第一候補と目されるメドヴェージェフ（当時はプーチンと交代して大統領）が国後島に上陸し、同島の実効支配の恒久化を強くアピールしている。メドヴェージェフは二〇一二年に大統領職をプーチンに返上して自らは首相となるが、同年七月三日にも重ねて国後島に上陸し、次のように言い放った。

「これは古来のロシアの土地だ。（外国には）一寸たりとも渡さない」

さらに同氏は二〇一五年八月、戦後七十年の節目には首相として択捉島にも上陸している。プーチン大統領の後継候補ナンバー1とされる人物が、国後島と択捉島にはこれほどの「入れ込みよう」である。この事実を、なぜ日本の政治家やメディアはもっと直視しようとしないのだろうか。

言い換えると、国後と択捉を手放す可能性など「金輪際ありえないぞ」というプーチンの強い意志をメドヴェージェフが代弁していた、と考えるべきで、彼はこれら諸島への上陸でそのシグナルを日本にしきりと送っていたわけだ。そのうえで「アベが食い付いてきた」のだから、プーチンにとっては「仕込みが効いてきた」という思いだったかもしれない。

北方領土問題の「理」は明らかに日本にある

ここであらためて日露の北方領土問題について、プーチン政権に至るまでの経緯をごく簡略ながら、おさらいしておこう。次のような歴史的事実を見れば、北方領土問題の「理」――つまり法と正義――が日本にあることは明らかだからである。

まず、一六四四年に江戸幕府が作成した『正保《しょうほう》御《お》国《くに》絵《え》図《ず》』で、「クナシリ（国後）」「エトロホ（択捉）」などが御国（日本領）の一部として記されている。

根室半島（手前）の先に広がる北方領土の島々（北海道新聞社/時事通信フォト）

次いで一七九二年、ロシア使節のアダム・ラックスマンが根室に来航して通商を求めた際、徳川幕府はこれを拒否するとともに、間宮林蔵や近藤重蔵らに国後島、択捉島の調査を命じた。間宮らは択捉島以南の島々に番所を設置して警備の強化を行なった。これは近代国際法あるいは現在の国際法の観点から見ても、記録による確認と領有意志の表示という、まごうかたなき日本の実効支配が確立していたことの証左である。

さらにこの点がいっそう確かになるのは、一八五五年二月七日、徳川幕府がロシアとのあいだに日露通好条約（下田条約）を結んだことである。このとき日露両国は千島列島の最南端にある得撫《うるっぷ》島と、その南の択捉島のあいだに両国の国境線を定め、日本領土の再確認を行なった。

北方領土の帰属をめぐる日本の歴史的事実に則った正義と法的原則に基づく立場、すなわちいまも日露関係を律するとされる「法と正義」の原則に基づく日本の国家としての最重要の立脚点がここにあるのである。したがって択捉島以南が日本固有の領土であることは、たとえ何年、時がたっても動かしようのない事実なのである。

またここに立脚して、この二月七日が「北方領土の日」として制定され、いまも、その返還が「日本国民の総意に基づく悲願」（たとえば一九八五年四月十九日、二十四日の衆参両院での全会一致の国会決議などの表現）として叫ばれ続けてきたのである。

「サンフランシスコ平和条約で放棄」説は明確に誤り

このような北方領土問題の歴史的経緯こそが「日本の命」ともいえる大切な立脚点なのだが、ここで重要なのは日本国民の認識である。

元外交官で作家の佐藤優氏は、週刊誌への寄稿で、歯舞・色丹二島の引き渡しが、すでに一九五六年の日ソ共同宣言に記されていることを指摘したうえで、サンフランシスコ平和条約（一九五一年に結ばれた日本と連合国とのあいだの講和条約。ソ連は参加していない）の問題について、次のように述べている。

「安倍政権は今後、サンフランシスコ平和条約で日本は択捉・国後は放棄しているという情報を周知させるプロパガンダ戦略を取るのではないか」（『週刊ポスト』二〇一六年十月十四日・二十一日合併号）

この佐藤氏の寄稿にある、サンフランシスコ平和条約二条C項での南樺太、千島列島の放棄については、たしかに一九五一年十月十九日、当時の西村熊雄外務省条約局長が衆議院の平和条約・日米安保条約特別委員会で「（サンフランシスコ平和）条約にある千島列島の範囲については、北千島と南千島の両者を含むと考えております」という答弁を行なった。これを論拠として、日本の一部の論者は「これは日本が国後・択捉を放棄したことを意味するから、日本側の国後・択捉両島に関する主張は通らない」という主張を繰り返してきた。

だが、この条約局長の発言など比較にならないほど重い言葉が、一九五一年九月七日、サンフランシスコ講和会議における吉田茂首相の演説で示されている。全条約締約国の代表を前にして、吉田首相は次のように発言したのである。

「千島列島及び樺太南部は、日本降伏直後の一九四五年九月二十日、一方的にソ連領に収容されたのであります。また、日本の本土たる北海道の一部を構成する色丹島及び歯舞諸島も終戦当時たまたま日本兵営が存在したためにソ連軍に占領されたままであります」

まさにソ連（ロシア）による「不法占拠」であることを力説しているのである。さらに続けて吉田は、こう述べた。

「日本開国の当時、千島南部の二島、択捉、国後両島が日本領であることについては、帝政ロシアも何ら異議を挿《は》さまなかったのであります。ただ得撫（島）以北の北千島諸島と樺太南部は、当時日露両国人の混住の地でありました。一八七五年五月七日日露両国政府は、平和的な外交交渉を通じて樺太南部は露領とし、その代償として北千島諸島は日本領とすることに話合をつけたのであります」

ここにおいて、国後・択捉を日本固有の領土であるとする日本の立場の正しさは明らかである。たかが条約局長の国会での曖昧な言葉の答弁ぐらいで、一国の首相による、条約締結に際して国際社会に直接、意思表示した発言の重さ（たしかに一、二の細かな技術的瑕疵《かし》はあるが）を覆《くつがえ》せるものではない。

先述した歴史的事実と併せて、「日本はサンフランシスコ平和条約で国後・択捉の二島は放棄したのだ」という説が誤っていることをここで明記しておきたい。

「二島返還」であれば、いつでも誰でも妥結できた

さらに、たとえ小さな歯舞・色丹の二島だけであっても、この二島が返還されれば、それは「歴史的成果」だなどと、あらかじめそれを評価し、歓迎するような奇妙な論調が散見されるようになったが、これが政権中枢の動きとはたして無関係かどうかは不明だ。そもそも「二島返還」あるいは「二島先行返還」等々、たとえどのようなお化粧用語を使ったにしても、二島だけの返還で実質幕引きとする、という話ならば、これまで日本はいわば「いつでも誰（どの政権）でも妥結できた」はずなのである。

これまで外務省は拙速な交渉を避け、あえて日本から実質、二島で降りるという妥協の交渉に傾くことをギリギリ自制してきたのである。その判断はいまもけっして間違っていない。なぜなら、この北方領土問題はまさに「法と正義」という日本の歴史とアイデンティテ

イ、そして日本の国際的信用に関わる「国家としての原則」問題なのである。さらにそれは尖閣諸島など他の「領土問題」でも、日本の領土主権と安全保障という、わが国の生存に直結する問題だからである。

それをなぜいま、やろうとするのか。またまた「戦後七十年談話」にあったように「私たちの子や孫、そしてその先の世代に宿命を背負わせない」ということなら、それこそ「国家百年の計を誤る」（木村汎《ひろし》氏、『産経新聞』二〇一六年十月五日付）ということになろう。

ソ連がロシアになり、冷戦が終わったのちの日露交渉でも、たしかに一九五六年の日ソ共同宣言を含めてソ連時代に締結された条約が、いまもその継承国家のロシアに引き継がれている。

しかしここで「法と正義」の観点から日ソ共同宣言よりもいっそう重要なのは、一九九一年四月、ゴルバチョフ大統領の訪日の際の日ソ共同声明以後の展開である。まずゴルバチョフ訪日の際の共同声明には、「歯舞群島、色丹島、国後島及び択捉島の帰属についての双方の立場を考慮しつつ領土画定の問題を含む日本国とソヴィエト社会主義共和国連邦との間の平和条約の作成と締結に関する諸問題の全体について詳細かつ徹底的な話し合いを行った」とある。ここで明記された四島をめぐって領土問題が存在する、ということを日ソ（露）両国が初めて公式の文書で認めたのである。

次いで一九九三年十月にはエリツィン大統領が日本を訪れ、当時の細川護煕首相とのあいだで、今日まで日露交渉の最も重要な基礎となってきた「東京宣言」が合意された。そこでは「択捉島、国後島、色丹島及び歯舞群島の帰属に関する問題について真剣な交渉を行った。双方は、この問題を歴史的・法的事実に立脚し、両国の間で合意の上作成された諸文書及び法と正義の原則を基礎として解決することにより平和条約を早期に締結する」と謳《うた》われている。

これこそ、日本が今後も死守すべき領土問題解決の大原則なのである。ここからは何があっても、後退することはあってはならない。

それは要約すれば次の二つの命題にまとめられよう。①明記された四島の帰属問題が解決されて初めて平和条約が締結されるべし。②その領土問題の解決は、「歴史的・法的事実に立脚して」これまでの両国間の合意文書および「法と正義」の原則を基礎として行なわれるべし。

ところが、これが今回やや怪しくなってきている、とされるのである（たとえば袴田茂樹氏「『東京宣言』を無視する詭弁」『産経新聞』二〇一六年十月二十四日付）。

一九九三年以後も、この歴史的・法的事実に則った法と正義の原則を謳う「東京宣言」がすべての日露交渉の基盤を成してきた。一九九七年十一月に当時の橋本龍太郎首相がロシアのクラスノヤルスクを訪れ、エリツィン大統領と二日間にわたって魚釣りなどをしながら親密な会談を行ない、やはり「東京宣言に基づき、二〇〇〇年までに平和条約を締結するよう全力をつくす」と「東京宣言」が解決の大原則、としている。

次いで一九九八年に静岡県の伊豆・川奈で開かれた橋本・エリツィンの「川奈会談」でも「平和条約が、東京宣言第二項に基づき四島の帰属の問題を解決することを内容とし、二十一世紀に向けての日露の友好協力に関する原則等を盛り込むべきこと」（傍点筆者）との確認が行なわれた。

一九九八年十一月には小渕恵三首相がロシアを訪問し、エリツィン大統領とのあいだで署名した「モスクワ宣言」においても、東京宣言、クラスノヤルスク合意及び川奈合意を再確認し、国境画定委員会と共同経済活動委員会の設置を指示するなど、日露双方が「法と正義」の原則にさらに一歩踏み込んだ姿勢を見せている。

このような経緯を辿《たど》ってみるとわかるとおり、北方領土は、江戸期、あれほど西欧列強の圧迫を受けている時期ですら、日本人が歯を食いしばって守り抜いた地なのであり、だからこそ戦後の歴代政権は今日に至るまでソ連（ロシア）に対し、「歴史」と「法と正義」に基づいて四島返還を求め続けてきたのである。このような経緯を踏まえずに、国後・択捉の帰属問題を「並行協議」と称して実質的に脇に置いて、歯舞・色丹の二島返還だけで易々《やすやす》と平和条約締結を進めるようなことがあったとするならば、それは文字どおり「売国」行為といわざるをえない。

たしかに、戦後七十一年たっても日露間に平和条約が存在しないのは異例である。しかし、その原因はどこにあるのか、ということを考えることなくもし、「平和条約がないのは異常だ。一日も早く締結すべきだ。そのためにはロシアが返還しそうにない国後・択捉はもうそろそろ最終的に諦《あきら》めて、歯舞・色丹だけでケリをつけよう」「日本国内の世論に対しては、国後・択捉はいちおう継続協議する、としておこう。プーチンには、ここはよく含んでおいてもらわなければならない」などという発想から歴史的経緯や法的原則を踏まえずに日露交渉が行なわれるとしたなら、断じて許されることではない。

「新しいアプローチ」の正体

ところが今回、日露交渉のなかでしきりに耳にするのが「新しいアプローチ」という言葉である。これは、二〇一六年五月のソチでの日露首脳会談で「これまでの交渉の停滞を打破し、突破口を開くため、双方に受入れ可能な解決策の作成に向け、今までの発想にとらわれない『新しいアプローチ』で、交渉を精力的に進めていくとの認識を両首脳で共有した」（傍点筆者）と合意したことに由来する。この「今までの発想にとらわれない」ということは、いったい具体的に何を意味するのか。

じつは、北方領土問題について使われるこの「新しいアプローチ」という用語の危険性については、これまでつとに指摘されてきたのである。たとえば二〇〇九年五月十二日付の『産経新聞』「正論」欄で、外交評論家の田久保忠衛氏は次のような指摘を行なっている。

「《主権の切り売りは許せぬ》

日本の外交官の中でも私が尊敬する一人、谷内正太郎政府代表が北方領土問題で、三・五島でもいいのではないかと毎日新聞紙上で発言したニュースは、私はワシントンで聴いた。（中略）よく調べてみたら、発言記録の中に『私は三・五（島）でもいいのではないかと考えている』が含まれていた。政府高官の発言としては国会における全党一致の（四島の返還を求めた）決議を踏みにじるものでジャーナリズムが騒いで当然だろう。（中略）

北方四島の面積を二分の一に分割する考え方は、麻生太郎首相が二〇〇六年の外相当時、毎日新聞のインタビューで述べ、さらに衆院での質疑応答で内容を明らかにした。当時、外務次官だった谷内氏に直接会って私は同志とともに抗議した。今年の二月に麻生首相はメドベージェフ大統領と樺太で会い、『新たな独創的で型にはまらないアプローチ』で解決することに合意した。そのうえでの谷内発言である。地下で何かが動いているのであろうか」

驚くべきことに、二〇〇九年の時点で、すでに「新たな（独創的で型にはまらない）アプローチ」との文句が北方領土交渉に関し、浮上しているのである。現在の「新しいアプローチ」はまさにこの「面積二分の一」論の流れの上にある、と見て間違いないであろう。「面積二等分」が「島数二等分」に変わっているだけ、ということかもしれない。

二〇一六年十月八日付の『読売新聞』は、一面トップでこの「新しいアプローチ」の中身という問題を取り上げ、政府筋の話として、新しいアプローチとは「法的、歴史的な問題を脇に置き、経済分野の協力を進め、条約締結につなげることだ」との言葉を引用し、「政府は日露交渉で、平和条約締結を優先する方針」で「歯舞、色丹の二島返還」を実現することをめざしている、とする。そして解説記事のなかで「新しいアプローチ」の具体的内容として「過去の合意文書ではなく、『四島の将来像』を描くことから出発する」アプローチだ、と定義している。

もし本当にそうなら、「新しいアプローチ」とは、東京宣言はじめ従来の各種の合意文書や歴史的経緯を無視して「法と正義」という日本の最も大切な立脚点を自ら放棄する交渉アプローチだといわざるをえない。

しかし、そうしたアプローチがじつは七年も前から地下で動いていたとしたら、この国はいったいどうなっているのかと嘆かざるをえない。田久保氏はまた同じ寄稿の結論で、「当初は『返せ』の要求が『返してほしい』の要請になり、（ロシアの）実力者に来日してもらえないかのお願いになった。あげくの果てに主権を切り売りするところまで日本外交は落ちていくのだろうか」と記している。まさにそのとおりのことが起こっているのではないだろうか。

「なぜ」「この時期に」プーチンと？

このような歴史的事実の認識に加え、さらに次の二つの点から、報じられたような安倍政権の日露交渉の方針に対しては根本的な疑問を呈さざるをえない。

一つの大きな疑問は、よりにもよってなぜ、このタイミングで、ロシアとの北方領土問題の解決に日本が動いてしまったのかという点、すなわち「時期」に対する疑問である。もう一つの疑問は、よりにもよってなぜ、いまのプーチン大統領と手を握るのかという「相手」に対する疑問である。

まず「時期」について言及したい。北方領土問題で日本がロシアに対して繰り返し要求し、日露間で合意した「法と正義」の立場を貫かず、歴史事実と従来の日本の政権が維持してきた主張すら蔑《ないがし》ろにすることの問題は、政治的失策という以上に、わが国の歴史とアイデンティティを喪失することにほかならない。なぜなら、四島の帰属を確定させずに平和条約の締結を優先させると、結果として日本の歴史を通じ日本固有の領土であった国後・択捉という北方領土の九三%を占める核心部分の恒久的な放棄につながる可能性がきわめて高く、そうなると日本という国の国家としての存在と歴史が、それこそ不可逆的に毀損《きそん》されてしまうからである。

たとえ日本から腕ずくで領土を奪っても、そのあと「日本という国は決して諦めず、あくまで筋を通していつまでもしつこく返還要求を続けてくる国だ。こうなっては厄介千万だ」と世界に思わせ続けなければならない。これこそ、強大な軍事力に裏付けられた発言とプレゼンスを持ちえない日本という国の、命綱ともいえる「国際的信用」なのである。

それを領土の帰属問題（とくに国後・択捉の）を実質的に棚上げして、前のめりに平和条約締結に踏み切れば、日本は領土では簡単に譲歩しない国だ、というこの「国際的信用」つまり国家の安全保障の支えを失うことにつながる。

北方領土に関する妥協が日本に大きな悲劇をもたらす理由として、要約すると以下の四つが挙げられよう。

第一に、南シナ海における人工島建設という中国の無法に対し、当の日本の安倍首相自身が、国際社会の場や中国に繰り返し「法の支配の下で紛争を平和的に解決することが重要だ」と主張している。その安倍首相が、かつて七十一年前、日本から力で島を奪い、いままたクリミア侵略などでこの「法の支配」を平然と無視するプーチンのロシアと蜜月関係にあり、そのロシアに四島の領土返還という日本のこれまでの主張を譲歩したと見られたら、今後、誰が日本の主張に対し、真剣に耳を貸そうとするだろうか。

第二に、何といっても日本は目下、中国とのあいだに尖閣諸島をめぐる鋭い対立を抱えている。日本の側にわずかでも領土に関して譲歩と受け取られるような姿勢が見られれば、すぐさま中国は日本の隙を突いてくるだろう。万が一、プーチン大統領のロシアに対して北方領土の二島返還で平和条約の締結へと踏み切るようなことがあれば、もともと「日本は脅せばいくらでもダダ降りする国」と踏んでいる習近平主席が「いまや機は熟した」と判断し、尖閣諸島をめぐって軍事圧力をいっそう本格化させるのは火を見るより明らかである。

第三に、米欧諸国だけでなく、より広い国際社会においても、プーチンがいまや稀代の「世界の悪役」として見られている事実がある。「プーチンはヒトラーと同じ」といったのはイギリスのチャールズ皇太子だが、ロシアのクリミア占領は、まごうかたなきヒトラー並みの「侵略」であった。それゆえ国際社会は現在も、ロシアに対する制裁を解いていない。さらに二〇一四年七月に起きたマレーシア航空一七便撃墜事件も、墜落現場の近辺で親ロシア派の武装勢力がウクライナの軍用機を撃墜しており、ロシア政府の関与が疑われている。加えてロシアはシリアにおいて、民間人を犠牲にする凄惨な空爆を繰り返している。それゆえ最近は、アメリカだけでなくEU諸国もこぞって、このロシアのシリア空爆を「戦争犯罪」とまで非難しはじめている。

国際社会における「法の支配」を真っ向から覆すプーチンのロシアに対し、いま日本が、そのロシアとの領土に関わる国際約束を信用して大規模な経済支援を行ない、さらには平和友好条約締結というほどの対ロシア接近を行なうことは、少なくいって「適切ではない」ことは誰の目にも明らかではないだろうか。失うものがあまりにも大きいことに気付くべきだ。

第四に、伝えられているような方向での日本の対露接近は、国際秩序の要である同盟国アメリカの支持と信用を失う危うい冒険外交だということである。先述のように二〇一六年の春、アメリカのオバマ大統領が安倍首相に対して「ソチへ行くな」と伝えたのも、ひとえに「プーチンのロシア」への日本の接近に対する強い警戒心によるものである。また、ウラジオストクでの安倍・プーチン会談の前日にあたる九月一日には、アメリカの財務省は対ロシア制裁のいっそうの強化を発表している。これは明らかに日本に対する警告のシグナルである、と見てよい。たしかにトランプ大統領のもと、米露は一時接近するかもしれない。しかし、第一章でも触れたように、トランプ政権のアメリカも、日本の対露独自外交には反対するはずだ。

そしていま、中国の膨張、北朝鮮の核ミサイルの脅威が増すなか、アメリカとの関係維持は否が応でも優先されるべきだ。世界中が忌避する「悪役」とあえて手を結ぶ日本の姿が世界にどう映っているかをもう一度よく考え、何をおいても今という時期は立ち止まるべき局面であることを知るべきだ。

繰り返しになるが、たしかに平和条約が存在しないことはけっして望ましいことではない。しかし当面、日本にとってはそれがないことで、現実的に大きな支障があるわけではない。いまのままでロシアとの友好関係を続けていけないことはないはずだ。

少なくともいま、領土で大幅に妥協してまで平和条約を結ばなければならない理由は何もない。スペインは、三百年前にイギリスに奪われたジブラルタルの返還をいまも要求し続けている。そんな例は世界中に無数にあることを知るべきだ。

「慰安婦合意」と同様、〃保守の沈黙〃が帰趨を決する

しかしなぜ、そういうことになるのか。

田久保氏はそれについて、北方領土問題をわれこそが解決するのだ、という政治家の功名心が逆に日本を追い込んでいくことを次のように語っている。

「歴代の総理大臣なり外務大臣なりが（日露交渉で）間違ってきたのは功名心（から）です。『国家百年の大計』じゃなくて、領土問題（の解決）を自分の手柄にしたいな、と。……（この）政治家の功名心につけ込んで官僚がまた目先の点数稼ぎをやろうとする。これが積み重なって妙な譲歩案が出てくる。どっしり構えて十年でも二十年でもかけて敵の弱点を衝いていく。そのためには俺の次の代、あるいは次の次の代でもいいという大戦略が欠けている」（『北方領土は泣いている——国を売る平成の「国賊」を糺す』七九ページ、産経新聞出版、二〇〇

七年）

聞くところでは、日ソ平和条約の締結は憲法改正と並んで岸信介、安倍晋太郎以来の「岸・安倍家の遺訓」だという話もあり（たとえば原彬久著『岸信介証言録』中公文庫、二〇一四年）、安倍晋三首相の「宿願」であることはおそらく間違いない。

しかしここで深刻なのは、この、領土主権とともに「法と正義」という日本の国家的立場を危うくしかねない日露の平和条約交渉が、日本の歴史と国家のアイデンティティを重視する日本の保守派が最も信頼と支持を寄せる安倍首相という政治家によって進んでいることである。

もし、仮に同じことが民進党政権や自民党中道派の政権で行なわれていたならば、日本全国に「売国奴」との批判が満ち満ちたことであろう。

先の佐藤優氏は、同じ記事のなかで「この（安倍首相が推進するとされる）『二島引き渡し先行』論は、過去に鈴木宗男・新党大地代表らが主張するたびに、『四島一括』に固執する右派・保守派から激しい批判を浴びてきたが、今回は推進するのが保守派の安倍首相なので、右派は批判しづらい面があるのだろう」と、保守派の反応を予言している。もしそうなら、日本にとってまことに不幸な事態が到来しているといわざるをえないのである。

しかし、報道によると「安倍首相は九月の（日露）首脳会談で『自分たちの時に解決するという強い意志をもって交渉しよう』とプーチン氏に呼びかけた。首相の心境を側近は『慰安婦問題をめぐる日韓合意の前に似ている。保守層を納得させられるのは自分しかいないという気持ちだ』と語る」（『朝日新聞』二〇一六年十月十九日付）とのことである。二〇一五年の「慰安婦合意」と同様、再び〝保守の沈黙〟が帰趨《きすう》を決するのだろうか。

日露接近では中国を牽制できない

現在の国際情勢を表すと概略、次のような構図となる。まず最も大きなファクターとしてアメリカとロシアの対立があり、次いで日本と中国の対立がある。この米露対立と日中対立はきわめて激しい、そしてまた構造的なものであり、そう簡単に解消できるものではない。一方、日米のあいだには確固たる同盟関係が存在する。これは動かし難い大きな枠組みである。他方、中露の関係もいろいろな内実はあるが、近年はかつてなく緊密なものになっている。

ロシアは中国の南シナ海における人工島建設を支持し、その南シナ海で中露両国海軍の合同軍事演習まで行なっている。これは、国際政治的にいえばほぼ「中露同盟」といってよい、かなり強い国家間の連携状況を示しており、客観的には、日本にとってロシアという国はすでに「敵陣営」に与《くみ》する潜在的な脅威としか表現できないものになっている。

いま試みに、アメリカ・日本・中国・ロシアの四国関係を結んでみよう。良し悪しは別として現在、日露関係は接近しつつあり、先述のとおり米露関係と日中関係はきわめて悪い。すると、何が起こるだろうか。日本がロシアに接近すれば、考えられるのはパワーゲームのダイナミックスから当然、「米中接近」である。

これこそ日本としていちばん困る事態ではないのか。少なくいっても、「日米分断」をアジアにおける覇権確立のための国家的な一大戦略にしている中国にとって、日本がプーチンのロシアに接近して日米間に亀裂が入ることは願ってもない展開である。

「日露接近で中国を牽制できる」という、夜郎自大的な素人戦略論は危険このうえない発想といわざるをえないのである。

日本が「法と正義」を疎《おろそ》かにし、北方領土をめぐる歴史的経緯を有耶無耶《うやむや》にすることをめざす「新しいアプローチ」による日露の領土交渉が既成事実化すれば、たしかに一挙に平和条約に向かうかもしれない。しかしそれでは、もはや後戻りは不可能である。

先に平和条約を結び、歯舞、色丹の二島の引き渡しを受けると、残る交渉案件は〝継続交渉〟とされた国後、択捉の二島の帰属問題のみ、ということになる。だが、いったん平和条約を結べば、どれほど美辞麗句を並べたところで、歯舞・色丹の二島返還を決めたのち国後・択捉の二島がその後の継続協議で返ってくると、誰が信じられるだろうか。「二島（先行）返還論」とは、言い換えると「（国後・択捉の）二島放棄論」にほかならないのである。

結論として筆者が最も強く訴えたいのは、このような危うい交渉に踏み込むより先に、まず日本が自力をつけることとの必要性である。

当面、何よりも防衛力の大幅な増強と情報・インテリジェンス力（サイバー能力含め）の飛躍的な整備、そして憲法九条改正という三つの支柱によってまず国家の足元を固め、たとえギリギリであっても「日本が一国として立つ」力を確保してから、本格的に北方領土問題の交渉を行なってもけっして遅くはない。日本がそうした自力をつければ、そのときこそ、たとえプーチンのロシアでさえ、現在よりははるかに誠実に交渉に応じる可能性が生まれてくることを知っておくべきなのである。

「経済ではけっして領土は売らない」。これはプーチンだけでなく今日、世界の常識のなかの常識だ。「日本の常識は世界の非常識」とは、まさにこのことを指している。

本章の最後に、「私の夢」にもう一度戻りたい。おそらくあと二十年もしたら、ロシアにもきっともう一度、民主主義の流れが動き出していることだろう。そのときこそ、素晴らしい「日露の夜明け」がやってくる。その希望を失わず、それまで何としても頑張ろう、日本よ！

第二章

介入か孤立か
——パックス・アメリカーナの行方

アメリカにとっての「理念」と「国益」

アメリカのトランプ政権のもと、アメリカは「ビジネス・アズ・ユージュアル（business as usual＝これまでどおり）」、つまり覇権国として再び世界に威令を示す存在に回帰するのか、あるいは近年顕著になった、世界から「退《ひ》いていくアメリカ」の趨勢《すうせい》がいっそう強まるのか。同盟国である日本にとって、アメリカが世界に果たす役割の行方を見ることは最重要の国家的課題である。

とりわけ重要なことは、大統領選挙の「四年に一度」というサイクルよりも、さらに長期的かつ歴史的な視点から、アメリカの変化の大きな方向を見極めることである。

そして、ここで求められるのは「アメリカ」という国の本質に関わる視点である。

それゆえ本章ではまず、アメリカが建国以来繰り返してきた「大きな歴史上のサイクル」とともに、「理念の共和国」といわれるアメリカにとっての「理念」と「国益」のいわくいいがたい関わり方について考察を加えたい。そして、われわれ日本人がしばしば誤解し、幻惑されやすいアメリカの「本質」を見つめ直すことで、日本の指針をいっそう深く考えてみたい。

かつて『強国論』を著した十九世紀ドイツの歴史家、レオポルト・フォン・ランケは、大国の条件について「大国とは、自らの意志によって自国の進路を決められる国のことである」という趣旨のことを述べている。たしかに中小国においては、その国が真に重要な選択をする際、その要因となるのは、自らの意志や国是《こくぜ》というよりも、より多く外界、つまり周囲との関係である。関係する周辺諸大国の圧力によって、自らの進路を大半決定せざるをえないという、基本的には今日も変わるところのない冷厳なバランス・オブ・パワーという世界の現実を指し示した言葉である。

つねに外から強い箍《たが》が嵌《は》められた状態で進路を選択せざるをえない中小国とは異なり、超大国アメリカ――「世界の警察官」の肩書をいまや自ら下ろしつつあるとはいえ――がその大きな国力を背景に、いまも自らの進路・運命を決定できる存在であるのは、誰しもが認めるところである。

では、そのアメリカの進路は、主要には、いったい何によって決まるのか。

それを知るためには、アメリカが建国以来、掲げてきた〝理念〟について、この機会にこれまでになく深く考えなければならない。

とりわけ、その考察の主要な焦点となるのは歴史上、アメリカが世界への関わりをめぐって示してきた、その振幅の大きさである。過度なほど世界に出ていって他国の紛争に関与するかと思えば、急にいわゆる「孤立主義」に走って世界との関わりを大幅に限定しようとする。なぜ、このようなことがアメリカの歴史には頻繁に現われるのか。その深い考察がいまほど必要なときはない（以下、詳細な議論は拙著『アメリカ外交の魂――帝国の理念と本能』〈文春学藝ライブラリー〉に譲るが、ここではごく概括的に、その核心となるテーマについてのみ論じることとする）。

「孤立主義」と「対外不介入主義」

一九六一年、アメリカ大統領ジョン・F・ケネディ（一九一七―六三年、任期一九六一―六三年）は、世界に向かって次のように宣言した。

〈われわれに好意を持つ者であれ、敵意を持つ者であれ、すべての国をして次のことを知らしめよ。われわれは世界における自由の確保とその勝利のためには、いかなる代償も支払い、いかなる負担も厭《いと》わず、いかなる困難にも進んで直面し、いかなる友人も助け、いかなる敵とも戦う、ということを〉

このケネディ大統領の言葉からは、現在のオバマ政権に見られるような「引きこもるアメリカ」とは正反対に、「目一杯、対外介入するアメリカ」、つまり〝自由や民主主義の松明《たいまつ》を堂々と掲げて〟世界を善導する「究極の理想主義者」アメリカの姿を見ることができる。

しかし、これとはほぼ対極の姿勢を、まさにドナルド・トランプに見ることができる。トランプは、アメリカ国民に「不公平な負担」を強いてきた「対外介入しすぎるアメリカ」を断固として忌避し、世界の大国としての「義務」を果たしてきた、この五十数年のアメリカの対外関与の歴史を正面から否定してみせる。もしかするとトランプは、これからのアメリカは、「何より自らの負担を厭い、困難から身を引き、友人を助けず、敵とも戦わない、そういう国をめざすべきだ」と叫んだからこそ、あれだけの票を集めたのではないか。

こうした対外姿勢はアメリカでは通常、「孤立主義（isolationism）」と呼ばれる立場である。しかし、ここでまず注意すべきことは、英語において「孤立主義」という言葉は「ペジョラティヴ・ワード（pejorative word）」、つまり論争のための否定や蔑視のニュアンスを強く含んだ一種のイデオロギー用語だ、という点である。

いうまでもなく「孤立」とは、人間社会での評価として悪い印象を与えるレッテル貼りの言葉である。それゆえ、「わが国の外交は断固として孤立政策を取る」などと自ら唱える国がないように、「孤立主義」とはそれ自体、そう呼ばれる相手や立場に対し、「愚かな選択なのだ」という批判・攻撃をするための否定語なのである。つまりそれは、積極的な対外介入を唱える陣営が、それに反対する陣営に貼る政治的なレッテル用語にほかならない。

アメリカの歴史においては一九二〇年代まで「孤立主義」という言葉は存在しなかった。その代わりに、同様の対外姿勢を示す用語として用いられていたのは、より客観的な「対外不介入主義（non-interventionism）」という言葉である。

アメリカという国の建国以来の国是は、「民主主義を真に活力ある理念として機能させるには、自ら進んで世界に関与してはならず、まして他国との戦争を行なったり、外国同士の紛争に介入するようなことをしてはならない」という主張であり、そうした考え方は、アメリカ建国の根本思想であった十八世紀以来の啓蒙思想においてはきわめて進歩的・積極的な意味を持った。

それゆえ、いまもこの「対外不介入主義」という語は、「孤立主義」よりもずっとポジテイブな意味合いを持っている。

そのアメリカで初めて「孤立主義」という言葉が用いられたのは、第一次大戦後の一九一九年、ヴェルサイユ会議のときである。同条約の一部として「国際連盟規約」が結ばれ、連盟の主唱者として当然、この規約にも調印したアメリカのウッドロウ・ウィルソン大統領（一八五六―一九二四年、任期一九一三―二一年）は、規約の内容をアメリカ本国に持ち帰り、米議会での批准を得ようとした。

ところがヴェルサイユ会議の翌年、一九二〇年は図らずも大統領選挙の年であった。この一九二〇年に、アメリカの行方を占う「トリーティー・キャンペーン（treaty campaign）」すなわち「条約をめぐって戦われた大統領選挙戦」が一年にわたって繰り広げられた。

当時、ウィルソンの国際連盟に加盟する政策を支持したのはウォール街の金融関係者や対外関係を重んじる外交評論家やジャーナリスト、学者など、いわゆる〝東部エスタブリッシユメント〟と呼ばれる人びとである。彼らはグローバル化しつつあったアメリカの経済国益の確保やアメリカの国力の世界大の拡大を望むグループと深い関わりがあったのだが、彼らはその考えを表面には出さず、むしろ「第一次大戦の惨禍を再び招いてはならない」と訴え、国際連盟に加わることでアメリカと世界の平和を守り、民主主義を世界に広げてゆくことができると主張した。そして、彼らはこうした対外関与を唱導する自らの立場を「国際主義」と呼び、反対する陣営のことを「孤立主義」と呼んで批判・攻撃したのである。

これに対し、彼らから批判された条約反対派、つまりウィルソンの国際連盟案に反対する人びとは、「第一次大戦時、ウィルソン大統領が『民主主義の世界をつくる』という理想のために参戦する、として建国以来かつてない大規模な対外介入と戦争に踏み出した結果、何が起きたか。多くのアメリカ人の若者の血が無益に流れ、その結果イギリスとフランスは中近東で植民地を拡大してさらに圧制を強めただけではないか。フランスは〝悪名高い勢力均衡〟の名の下に東欧の衛星国を糾合して戦後もドイツ包囲網を敷き、これにアメリカも加わるよう要求している。これはまったく、あの古い『悪徳のヨーロッパ』による帝国主義の支配が復活しただけではないのか」と訴え、アメリカに再び参戦義務を課すような国際連盟に加わることに強く反対した。

そして大統領選挙の年に行なわれた「トリーティー・キャンペーン」の結果、ウィルソン大統領は国際連盟規約を批准させることに失敗した。アメリカ議会上院は、「アメリカ民主主義の伝統的な不介入の理念を捨て、そしてアメリカの平和と繁栄を国際社会の都合に従属させ、〝加盟国を侵略戦争から救う義務〟という美名の下で、再び無益な対外戦争を強いられること」に対して明確なノーを突きつけたのである。

こうして一九二〇年、アメリカ議会と国民が、「地滑り的な圧倒的多数」の民意でもって、民主主義の本来的な理念に照らして国際連盟に背を向け、あえて「孤立」の態度を選んだのであった。それは今日の日本人の眼から見て、一見、われわれの知るあのケネディ的なアメリカからは、まったく理解できないアメリカの姿である。

ここに「アメリカの本質」に関わる問題が潜んでおり、それは今後、再び浮上する可能性を帯びはじめているのである。

ジョージ・ワシントンが掲げた理念

そして、このことを理解するうえで、ぜひとも知っておかねばならないのは、「アメリカ建国の父」と呼ばれるアメリカ初代大統領ジョージ・ワシントン（一七三二―九九年、任期一七八九―九七年）による「訣別演説（Farewell Address）」である。

ジョージ・ワシントンが二期目の任期終了の前年にあたる一七九六年、アメリカ国民に宛てたメッセージとしての「訣別演説」。これこそ、アメリカの「孤立主義」あるいはアメリカ民主主義の真髄としての「対外不介入主義」の起源というべきものなのである。

この演説のなかで、ワシントンは「孤立主義」――繰り返すが、アメリカ民主主義の本来の理念としての「対外不介入」の思想――を次のように疑問の余地なく定式化している。

〈To the efficacy and permanency of your Union, a government for the whole is indispensable. No alliance, however strict, between the parts can be an adequate substitute; they must inevitably experience the infractions and interruptions which all alliances in all times have experienced.〉

この趣旨を現代風にいえば、平和時に外国と同盟を結び、アメリカ軍の海外派遣につながる対外的コミットメントを行なうことは、アメリカ建国の国是としての民主主義と「自由の共和国」としてのアメリカの理念からもとうてい許されない、とワシントンは繰り返し語っている。つまり頻繁に対外介入を行なってなお、アメリカが国内の自由と平和を保つことはできない。対外介入は必ず民主主義の原則に反し、アメリカに独裁政治か分裂あるいは大いなる腐敗と混乱をもたらす、というのである。

これが、アメリカという国の本来の「建国の理念」だったのである。言い換えると、いまのアメリカ（正確には、この七十年くらいのアメリカの対外関与政策）は、建国以来の国家としての根本理念とは正反対のものになっているのである。

アメリカ独立の英雄、そして初代大統領としてワシントンがこのような「訣別演説」を行なった背景には、十八世紀のヨーロッパでは勢力均衡や同盟、条約に名を借りて王国同士が延々と領土拡大の戦争を続けていたことがあった。これはアメリカ人にとって神と聖書の教えに背《そむ》く行ないであり、対外介入はアメリカ民主主義を脅《おびや》かし、アメリカ人の精神を永遠に堕落させ、その魂を地獄への道に誘《いざな》うものであった。それゆえ、そうしたヨーロッパを大いなる反面教師として、対外不介入を貫くことがアメリカ独立後の国是となっていったのである。

アメリカ初代大統領
ジョージ・ワシントン

要するに、建国の父・ワシントンの考え、そして第二次大戦に至るまでアメリカを支配した主流の思想は、アメリカは自由と民主主義の理念を何よりも大切にするがゆえに、海外の紛争に関与してはならない、ということなのである。

つまり、ワシントン以来のアメリカの国是に忠実であろうとするなら、〝民主主義は必ず孤立主義（正しくは、対外不介入主義）でなければならない〞ということになるわけである。

アメリカは「孤立主義」だけで生きていける国

第一章で見たように、ドナルド・トランプの「孤立主義」とワシントン以来の「孤立主義」は、似て非なるものである。しかし、奇妙なまでに、表面的な部分では、ものの見事にアメリカ民主主義の理念と合致しているように見えるのである。

もちろん、「イスラム教徒は入国禁止にせよ」など一連の暴言的な発言を別にして、アメリカの対外関与に関わるトランプの発言には、どこか「アメリカ人の魂の琴線」に触れる響きがあったことは間違いない。それゆえ、彼の唱える「孤立主義」は今後も長く、アメリカの国策をめぐる論争の大きなテーマとなり続ける可能性があるのである。

少なくともトランプの、「孤立主義ではたして何が悪いのか」との一見、暴論と思える主張には「これまでのように世界に介入することを控えることで、はたしてアメリカの国益が害されるというのか」という問いかけが含まれている。

この問いが持つ意味は存外、重いものがある。というのも、じつは「孤立主義」を選択した一九二〇年代のアメリカは、空前の繁栄を享受したからである。孤立主義で対外関与をいっさいせず、国内問題に集中した結果、アメリカはわずか十年でGNPを三倍近くに増大させた。現代中国の爆発的発展に匹敵するアメリカの大成長時代は、徹底した孤立主義外交の時代だったのである。

そして、この時代のスローガンがまさに「アメリカン・ビジネス・イズ・ビジネス」つまり「アメリカの使命（アメリカン・ビジネス）はビジネス（経済）だ！」というものであった。つまり、同盟や国際連盟に加わって外交や軍事で世界に関わるのはわれわれの仕事（アメリカの使命）ではない、という意味である。

この事実が端的に示すように、じつはアメリカというのは「孤立主義」だけで生きていける国なのであり、本来、対外関与などする必要がない国なのである。二つの大洋に隔てられて、西半球には強敵はなく、（シェール・オイルも含め）自国の資源だけでつねに十分な繁栄を確保できる、それが基本的にはいまもアメリカという国の本質といえるかもしれない。

言い換えると、アメリカという国は他の国のように、自国の存在のためにいわば不可避的に対外介入や対外戦争を強いられることのない国なのである。それだからこそ、二十世紀以後のアメリカはつねに「対外介入」か「孤立主義」かをめぐって激しい論争を繰り返し、また周期的に大きな振幅を示すことになるのである。

地球上でわれわれだけが普遍的な価値を守れる

しかし、ここで従来、アメリカでは一つの大きな反問が提起されてきた。それは「アメリカが世界に関わらなければ、アメリカ自身の安全と生存が脅かされることにつながる」という議論であり、その具体的な事例として「真珠湾」がつねに持ち出されてきた。アメリカが第一次大戦後、前述のような「孤立主義」に戻ってしまったから、突然アメリカ領土のハワイを攻撃され、日独など枢軸国から「戦争を仕掛けられる」ことになった。第二次大戦後は、「もはやアメリカは世界から孤立しているわけにはいかないので、予めこちらから世界各地に米軍を出して関与しておくべきだ」という伝統的な論法である。

冷戦での「ソ連封じ込め」の必要よりも、むしろこの考え方が、第二次大戦後のアメリカの対外介入路線のより強力な支えとなっていた。だからこそ、アメリカでは「真珠湾」をめぐる歴史論争が、いまだに強い政治性を帯びるのである。これに近年は「九・一一」が加わって論じられる。そして今日もアメリカの世界への関与を続けるべき、という議論は、主要にはこの論法で現状の介入政策を訴え続けているのである。

これに加えて、次の二つの論法が補強されてくる。

その第一は、アメリカの経済的利益である。たとえばアメリカは現在、東アジアに深い経済的関与と利益を抱えている。アメリカの貿易輸出額の三分の一は東アジアとの貿易によるものであり、アメリカ国債の最大の買い手は日本と中国である。二〇一五年のアメリカ国債の保有額は、第一位が日本の一兆二二四四億ドル（約一四五・七兆円）、第二位が中国の一兆二二三七億ドル（約一四五・六兆円）である。日中を中心とした東アジアの国々がアメリカの繁栄を支えているのは、紛れもない事実である。

しかし、これは経済の次元の話であり、必ずしも外交や軍事の話ではない。そこで次のような議論が唱えられてきた。現在、世界各地に派遣されているアメリカ軍の撤退は、世界の不安定化を招き、もし、アメリカ軍のプレゼンスがなくなると、各地で紛争がいっそう激化し、経済におけるアメリカの国益が失われかねない、とするものだ。

しかし、この議論は反対陣営からは次のような強い反論に遭う。つまり、「アメリカは経済的利益のために、いま膨大な軍事費を負担し、多くの人命を犠牲にして世界に関与し続けているのか。それならアメリカ国民は『ウォール街』のために対外介入や軍事同盟に伴う犠牲を強いられているのだ」という議論である。そのコストははたして利益に見合っているのか。ここで「それは割に合わない」と、まさにビジネスマンの立場から反論するのがトランプの〝新しさ〟だったのである。そしてこの主張は共和党だけのものではなかった。二〇一六年の大統領予備選でヒラリー・クリントンに対抗して民主党の左半分の強い支持を受けたバーニー・サンダースとも、トランプは共通の立場にあったのである。

したがって、介入政策をさらに続けようというなら、もっと迫力のある、人びとを唸《うな》らせる論拠が必要となる。

従来のアメリカでは、それは「よりよき世界をつくるためにアメリカは介入を続けるべき」という言説である。世界に「自由」と「民主主義」、「人権」と「法の支配」という普遍的な価値観を定着させる役割を果たせるのは地球上で唯一、アメリカだけであり、世界への介入はアメリカ人に与えられた「崇高な使命」なのである、という論理である。

これはなにも第二次大戦中のフランクリン・ルーズベルトや先のケネディら、ずっと昔の大統領の行なった演説にかぎらない。近年においても、この点からアメリカ人の琴線に巧みに訴えたのが、湾岸戦争の開戦に際して一九九一年一月二十九日、ジョージ・ブッシュ大統領（父親）が行なった「湾岸戦争教書」演説である。

〈過去二百年にわたりわれわれは自由のための困難な仕事に立ち向かってきた。（中略）何

湾岸戦争の勝利を喜ぶ米軍兵士（1991年2月クウェート、AFP=時事）

世代にもわたってアメリカは自由の祝福を守り広げる戦いの先頭に立ってきた。そしていま、急速に変化する世界のなかでアメリカのリーダーシップが不可欠なものとなっている。（中略）世界の国々のなかでアメリカのみがそのための道徳的地位を有しており、そのための手段を有している。地球上でわれわれだけが、この平和のための軍隊を結集することができる唯一の国なのである〉（傍点筆者）

この「地球上でわれわれだけが」というのがいわば殺し文句であり、アメリカ国民の魂の琴線に最も触れる言葉である。ブッシュ大統領（父親）の言葉は、戦時のアメリカ大統領の演説として国民を鼓舞ないし煽動するうえで不可欠の「高揚感」をもたらすべく工夫されたものであった。この高ぶりに訴えないかぎり、「ようやく冷戦が終わったというのに、なぜまた新たな戦争なのだ」と強く戸惑い続けていた当時のアメリカ人は、けっしてあの戦争に踏み切ろうとはしなかったであろう。

あれから二十五年、今日顧《かえり》みたとき、あの湾岸戦争が平和ではなく冷戦後の世界における平和の根底をむしろ崩していく流れの始まりであったことが明らかとなりつつある。しかし当時のアメリカにとって、なんとしても中東でのアメリカの覇権を確かなものにしておく必要があった。その現実主義の目的を達するために、こうした理想主義のレトリックが用いられたのである。

中東介入の挫折で裏切られる民主主義

アメリカの国父ジョージ・ワシントンの「平和時に外国と政治・軍事上の関わりを持ってはならない」という「予言」は、二十世紀には二度にわたる世界大戦の勃発によって完全に葬り去られたように見えた。事実、一九五〇年代の朝鮮戦争や六〇〜七〇年代のベトナム戦争、八九年に至る冷戦、そして一九九一年の湾岸戦争と、その後のアメリカ外交はワシントトンの遺言とは正反対の、対外介入主義そのものだった。

ところが、対外介入と不介入という究極のジレンマを克服したかに見えたアメリカが、二百年後の今日、再び「ワシントンの予言」に耳を傾けざるをえない事態が生じた。それはまさに、湾岸戦争からの派生として生じた二〇〇一年の「九・一一」テロ、そして二〇〇三年のイラク戦争とその挫折である。二十一世紀に入って起こったこの二つのテロと戦争で一万人近くのアメリカ国民の命が失われたにもかかわらず、当初の戦争目的に掲げた大量破壊兵器はどこにも存在せず、アメリカによる〝中東民主化の試み〟は「帝国アメリカの侵略」との誹《そし》りを受けた。

中東介入の挫折によって、アメリカの民主主義が裏切られようとしている、という感覚が、この十年のアメリカを覆っている。これは「ベトナムの挫折」よりもずっと深刻に見える。

しかし、民主主義と平和を築くために軍事力を行使するアメリカの外交、対外戦略が赴《おもむ》くところ必ず「帝国への道」となってしまう、というアポリア（解決不能の難題）は、じつはアメリカの歴史において繰り返し浮上してきたものである。

その嚆矢《こうし》は、一八九八年の米西戦争である。当時、植民地としてキューバを長く支配していたスペインに対して、アメリカは「キューバの解放」を理想に掲げて戦いを挑み、勝利した。だが、米西戦争の開戦時におけるアメリカの振る舞いは、いわば「戦争を始める」ことそれ自体が目的であって、とうてい自由と民主主義の国の行動とはいえなかった。一八九八年四月二十日、アメリカ議会は開戦にあたって突如として次のような決議を発した。

〈スペイン政府がキューバにおけるあらゆる権限と行政権を即時放棄し、かつキューバおよびその水域から地上および海上兵力を撤退すべきことを要求するのはアメリカ合衆国の義務であり、合衆国政府はスペイン政府に対してこれを厳かに要求する〉（傍線筆者）

戦争回避の手段をいっさい講じず、一方的に開戦に踏み切ったアメリカのやり方は、まさに帝国主義の「侵略」そのものといってよい。そしてこの米西戦争時のアメリカの振る舞いは、その後も長くアメリカ人の良心を悩ませることになる（拙著『アメリカ外交の魂』文春学藝ライブラリー、第一〜二章参照）。

そして結局、その後のアメリカ外交は介入→幻滅→理想主義の高揚→介入→幻滅というプロセスを延々と繰り返すことになった。実際、二十世紀のアメリカ外交は、この果てしない対外介入と挫折そして崩壊と再生を繰り返す「永続革命」的なサイクルをたどることになったのである。第一章で見たような、「特別の国」であることを嫌うトランプの姿勢も、この文脈のなかに位置づけられるかもしれない。

「アメリカの理念」はどちら向きにもなりうる

このようにアメリカの外交は「介入」と「不介入」とのあいだを絶えず振り子のように揺れ、そのたびに世論を巻き込んで国家の進路を大きく変えてきた。その要因の一つはその独特の民意にある。世界に比類のないかたちで「世論の強い国」といえるアメリカでは、つねに民意の振れ幅が大きすぎるがゆえに、政治・外交上の振る舞いが一八〇度変わってしまい、そのたびに外部からアメリカを見る者を眩惑させることになる。

あるときは「民主主義を守るためには孤立主義（不介入主義）でなければならない」というアメリカが、またあるときは「民主主義を世界に広げるためには孤立主義を放棄し、国際主義（対外介入主義のこと）でなければならない」という。

つまり「アメリカの理念」というのは、原理的にはどちら向きにもなりうる、ということなのである。

これが、われわれには理解に苦しむ「アメリカの外交理念」というものの本質である。だが私にいわせれば、この矛盾こそがアメリカの本質そのものなのである。

たしかに、これはわれわれの感覚では「あの国はつねに都合のよいように変わるだけ」と見ることもできよう。しかし、それは彼らが嘘をついているわけでも、彼らにとっての「建国の理念」を裏切っているわけでもない。あくまで「時代の要請」に応じ、そして、ここが重要なのだが、意識するとしないとにかかわらず、アメリカ人が自らの国益にとって正しいと信じ選択した結果が、なぜか「アメリカの理念」となるのである。

「理念とは、それが現実の要請に即するときにおいて普遍的理念となる」。アメリカ人のこの発想は、たんなる偽善や豹変、変節とは異なる。そしてここが、われわれにとって最も理解することの難しい「アメリカの本質」そのものなのである。

パックス・アメリカーナの三つの指標

では、この二十数年、冷戦後の世界に君臨したパックス・アメリカーナの今後の推移をどのように見るべきか。そこに三つのわかりやすい指標がある。

その第一の指標は、アメリカ経済の「力強い回復」が再び世界を引っ張っていくことになるかどうかである。

パックス・アメリカーナを占う第二の指標として、経済に加えて何といっても注目すべきは、いまヨーロッパを中心に世界中を震撼させている「テロの大波」をアメリカは食い止めることができるのか、という点である。「九・一一」以来、「テロとの戦い」にアメリカは総力を挙げて立ち向かってきたのに、もしこれができなければ世界の平和と安定を大きく損なうとともに、アメリカ自身の安全と威信をも大きく傷つけることになる。

言い換えると、湾岸戦争以来のこの二十五年間、「中東の平和を回復できるのはアメリカだけ」ということを、あの湾岸戦争でとりあえずアメリカの軍事力によって証明したがゆえに、その後の世界では「唯一の超大国」としての地位をアメリカは享受してきたのだが、まさにいまその真価が試されているのである。

オバマ大統領は「アメリカはもはや世界の警察官ではない」とまで発言し、パックス・アメリカーナを支える最大の試金石の一つとされてきた中東安定化の役割を半ば以上、放棄してしまった。シリアへの米地上軍の派遣を拒み、代わりに限定的な空爆やドローン（無人飛行機）を使った隠密攻撃を行なうなど、オバマ政権の中東政策はいまや申し訳程度《トークン》の関与に変質している。これではとうてい覇権国や超大国の振る舞いということはできず、トランプ政権が同じ対応に終始すれば、間違いなく「冷戦後の唯一の超大国・アメリカの地位は失墜した」と結論付けられるだろう。

そして第三の指標として、今後もパックス・アメリカーナの存続を期待できるのか、とりわけわれわれ日本人が強い関心を寄せなければならない大問題がある。それは、G7の「伊勢志摩サミット」（二〇一六年）では、日本が期待したほど欧米は踏み込まなかったが、南シナ海に大きく膨張し続ける中国への対応である。

すでに二〇一六年七月、フィリピンの提訴によってハーグの仲裁裁判所は「中国の南シナ海への拡張の仕方はまったく国際法的な根拠を欠くものだ」とする、拘束力のある裁定を下している。

それにもかかわらず、アメリカをはじめとする国際社会が実効性ある行動に出ることをためらうなら、この中国の、「南シナ海の海域全体がわが領海・領域だ」という近代国際法の根本原則に対するあからさまな挑戦に対し、アメリカの掲げる「航行の自由」戦略が敗北した（ないし有効に機能しない）ことになる。そうなれば、建国以来のアメリカ的な自由の核心である「航行の自由」原則に支えられた「門戸開放・機会均等」の対アジア政策と貿易立国を国是としてきたはずのアメリカの理念と国家としてのアイデンティティが崩壊する（あ

中国によって埋め立て・建設工事が進められる南シナ海南沙諸島のクアテロン礁（時事）

るいは大きく傷つく）ことになる。

しかし周知のように現在、中国は南シナ海に人工島を次々と建設し、そのいくつかに三〇〇〇mの滑走路を敷いて最新鋭戦闘機を配備し、また対艦・対空ミサイルを設置して、南シナ海全域の軍事拠点化を急速に進めている。さらに次の一手として、フィリピンに近接したスカボロー礁を人工島にして軍事拠点化を図り、南シナ海一帯での「防空識別圏の設定」へ動き出す可能性がある。そうなれば、アジアにおけるアメリカの覇権は大きく後退することになる。

そもそも南シナ海という海域は、まさに今日の世界秩序を支える最重要なシーレーン（通商・軍事戦略上の要路）の一つであり、日々、日本や韓国の石油タンカーが多数行き交い、世界の貿易の四〇%がこの南シナ海を経由して行なわれている。さらにアメリカ第七艦隊にとってはインド洋と太平洋を行き来する、その世界戦略上最も枢要な展開と作戦の海域である。もし万が一にも、米海軍がこの要路を中国の黙認ないし暗黙の了解なしには通れなくなる日が来るとしたら、台湾の将来や日韓のサバイバルはおろか、世界秩序全体にも甚大な影響を及ぼすことになる。

「米軍の抑止力」の本質

この事態に対していち早く危機感を持ったのは、ほかならぬ日本である。二〇一六年四月十二日、日本の海上自衛隊の護衛艦「ありあけ」と「せとぎり」の二隻が、ベトナムの軍事拠点カムラン湾に寄港した。このようなことは戦後の日本外交にかつてなかったことだ。まさにオバマのアメリカが「及び腰」になった、そのタイミングでの日本のかつてない戦略的な対外介入政策の発動である。

日本のこの動きはたしかに短期的に見て時宜《じぎ》にかなったもので、尖閣をめぐって中国と対峙を続ける東シナ海とともに、南シナ海でも軍事的な手段による対中抑止に関与することは、現時点でのアメリカの関心にも沿ったものであり、中国への強いメッセージともなる。

ただし日本が南シナ海に関与するにあたっては、他方でたいへん大きなリスクが伴うことも自覚すべきであり、それゆえ日本としても十分な備えを持って臨むべきである。

すでにわが国は海上保安庁の巡視船をフィリピン、ベトナムに供与しており、これ自体が中国から見れば明白な「日本による南シナ海への軍事関与」ということになる。また国際的には、日本が第二次大戦の敗戦以来はじめて、南シナ海にもかつてなく深くコミットしはじめた、と見られることは明白である。

むろん先に挙げた理由から、南シナ海の安全保障に対する一定の関与がわが国の安全保障にとっても必要不可欠であることはいうまでもない。繰り返しになるが、中国が南シナ海で行なっている国際法秩序への挑戦は、日本としては何としても抑止しなければならない。そのことは、あらためて論ずるまでもないほど明白である。しかし、そのうえでなお、われわれが知っておかねばならないのは、カムラン湾への護衛艦の寄港は当然、中国にとっては「日本によるかつてない軍事的挑発行為」の意味を持つ、ということだ。

短期的に考えられる中国側の対抗措置としては、東シナ海上空での平時の「制空権」をめぐる軍事的な対日圧力の強化に始まり、果ては「尖閣諸島への侵攻」にまで至る、東シナ海での一連の対日軍事挑発である。日本が南シナ海に介入の度を深めると、中国はその虚を突いて「尖閣諸島沖」に軍艦を送り込む、という「対抗策」に出てくることも十分考えられる。それが軍事をめぐるダイナミックスというものである。——そして私のこの予測は、二〇一六年六月以後、現実のものとなっている。

そもそも、いかなる国のあいだでも、国家というものの本質上、領土問題は潜在的につねに一触即発の危機を孕《はら》んでいる。日中衝突の危機はもはや潜在的どころではない。アメリカから見れば、いまの日中の軋轢《あつれき》はきわめて危ういバランスのうえで起きており、もし日中衝突の危機がこれ以上高まれば、必ず、言葉だけではない、真実の「日米同盟の緊密さ」が試される局面がやってくる。たとえば日中両国が局地的な危機ないし有事に突入したとき、もし一瞬でもアメリカがひるめば、必ず中国はその間隙を突き、日米同盟の存続に大きな禍根を残すことになる。

ここで日本人は、アメリカの掲げる「抑止力」という概念の本質をもう一度しっかり押さえておかねばならないだろう。そもそも「抑止」というのは、相手国とのあいだで武力衝突が「起こらないようにする」ことだけが目的で、いったん衝突が起これば、そこから先はまったく別のシナリオがありうる、ということを大前提としている考え方である。したがって、アメリカが安保条約に則って「中国を抑止する」とはいっても、現実に日中が衝突したとき、必ず日本を助けて中国と戦う、ということをアメリカは約束しているわけではないのである。

日米安保条約は、米軍が日本を防衛する条件、前提を次のように規定している（第五条）。「（日米の）各締約国は、日本国の施政の下にある領域における、（日米）いずれか一方に対する武力攻撃が、自国の平和及び安全を危うくするものであることを認め、自国の憲法上の規定及び手続に従つて共通の危険に対処するように行動することを宣言する」（傍線筆者）

ここで、つねに注意を払っておくべきは傍線部の「日本国の施政の下にある領域」の部分と「自国（つまり米国）の憲法上の規定及び手続に従つて」の部分である。もし、尖閣諸島に中国がいったん実効支配を確立したら、安保条約は適用されないということを意味しており、同時に、アメリカ憲法の規定や米議会の議論の行方にも左右され、大統領の専権だけで安保条約の発動は保障されてはいないことは、日本の防衛を論じるときの大前提でなければならないのである。

問題の核心は、「アメリカが中国との核全面戦争のリスクを賭けて、日本の実効支配つまり施政下にある無人島（アメリカはけっして日本の領土とは認めていない）である尖閣諸島を守るのか」という点にある。

たしかに現在、アメリカの力による中国の抑止は効いている、といえよう。しかし中国が（何らかの理由で）それをあえて乗り越えてきたとき、アメリカがそれを「自国の安全への脅威」として対処することは考えにくい。

これは、冷戦が終焉して久しい今日の世界で、「価値観の共有」とか「東アジアの安定」とかとは関係のない、アメリカ自身の「生存」に関わる国家としての根本原則に関わってくる問題だからである。したがって、核戦争のリスクということでは、トランプが主張したことは、言葉は下品だが、その意味するところはアメリカという国の国策の基本線をいわば本音でありのままに語っていたのである。

いずれにせよ、はっきりしていることは、アメリカが「孤立主義」（不介入政策というべきだが）を今後も強めていくとしたら、このような「アメリカの抑止力」をめぐる右のような「悲観シナリオ」の蓋然性は高まるだろう。そもそも、アメリカが東アジアに軍事力のプレゼンスを置いている理由は、歴史的・地政学的に「極東のコクピット（闘鶏場）」と呼ばれるほど揉め事の起きやすい、この北東アジア地域の紛争を抑止し、アメリカの安全と経済上の国益そして地域の平和を保つという目的のためである。つまり日中・日韓間の戦争を防止し、アメリカがそれに巻き込まれることのないようにするためである。

言い換えると、現実に戦争が起こったときにどうするかは、いわゆる「米軍の抑止力」とは別次元の問題なのである。こうしたアメリカの抑止政策のすべての前提は「戦争が起こらない」ことにあるのだから、いったん本当の戦争が起こったら、その瞬間、それまでの政策のすべては、理論上、無に帰するからである。

国家というものの本質から考えて、他国の防衛に「死力を尽くす」国など、どこにもないことは、つねに直視すべき命題なのである。

第二次大戦後の世界秩序の崩壊

現実的に南シナ海の現状を客観的に見ると、いまや着々とこの海域の領有を既成事実化している中国をアメリカが排除し、南シナ海の原状回復に成功することは、今後はたして可能だろうか。ここをじっと見ておくと、アメリカのアジア防衛への義務履行の可能性をある程度、見透かしておくことができよう。

中国は共産党体制の面子というより、いまやその存亡を懸けて、いわば死に物狂いで南シナ海の現在の支配権つまり実質的な中国の領有状態を守ろうとするだろう。もし、ここで中国側がアメリカに大きく譲歩すれば、共産党体制自体が崩壊するほどの国内的反動が予想されるからである。もし、「航行の自由」というスローガンを掲げて中国の南シナ海支配を阻止せんとするアメリカの主張を中国が受け入れたなら、そのとき習近平政権は確実に倒れるだろう。それゆえ中国の南シナ海支配にかける執念は、強烈なものがあるのである。

したがって、もしアメリカが中国を南シナ海の軍事拠点から本気で排除しようとするならば、一九六二年のキューバ危機時のような海上封鎖に踏み切らなければならないだろう。すなわち米中間の核戦争と第三次世界大戦というリスクの覚悟が必要になる、ということだ。これは、もはや二十一世紀の「アメリカの選択肢」としてはきわめて考えづらいことである。

そして、もしアメリカが南シナ海で進行中の中国による軍事拠点化を長期にわたって止められないなら、東アジア・西太平洋において、これまで続いてきたパックス・アメリカーナは少なくいっても大幅に後退することになる。そのとき、ともかくも地域の平和の維持という点で「最良のシナリオ」は、米中がG2、つまり習近平のいう「新型大国関係」によってアジア太平洋を共同支配（コンドミニアム）する、というものであろう。そのとき日本はどうなるのか。いまからギリギリの事態を考えておく必要がありそうである。

しかし、冷戦後のアメリカ主導の世界秩序に正面から挑戦し、あからさまに他国領土の侵略と併合を既成事実化しているのは中国だけではない。「プーチンのロシア」によるクリミア占領はいまや完全に既成事実化した、といえる状況である。そしてこの二十一世紀の所業とは思えない、あからさまな侵略に対し、アメリカと国連は何の歯止めもかけることができなかった。

そもそも、これはもう「冷戦後の」というより、第二次大戦後の世界秩序の崩壊というべき出来事なのである。本来ならアメリカは、東京裁判でやったようにプーチンを侵略者つまりA級戦犯として処罰すべきなのである。しかし、そんなことはいまや誰が見ても夢物語であろう。これはきわめて深刻なかたちで、日本にとってかつてない「大変な時代」が到来した、ということなのである。

さらに、われわれ日本人が今後ますます枕を高くして寝られなくなったのが、度重ねて核実験そして多数の弾道ミサイルの発射を続ける北朝鮮の行方である。軍事の世界では「三度の核実験を行なった国は事実上、核保有国と見なす」という常識がある。かつてフランスは三度の核実験の実績をもとに、アメリカに核保有国であることを認めさせた。実験回数だけなら、北朝鮮はそれを超えている。しかも北朝鮮は二〇一六年五月、三十六年ぶりの労働党大会を開催し、金正恩労働党委員長自ら正式に「核保有宣言」を行なった。これで北朝鮮の

弾道ミサイルの大気圏再突入模擬実験を指導する金正恩（朝鮮通信=時事）

非核化は、政権と金ファミリーの存続するかぎり考えられない話になったといってよい。それゆえ、アメリカのクラッパー国家情報長官はついに二〇一六年十月、北朝鮮に核放棄を迫るのは時機を失しており、「もはや無理」だろうとし、現実的な対応として核保有を認め、その保有数の制限を交渉すべきだ、と公然と語りはじめた。

すでに二〇一六年一月、北の核実験の後にアメリカ国務省報道官が明らかにしたところでは、二〇一五年の後半から北朝鮮とアメリカは水面下で（国交正常化を見据えた）秘密交渉の入り口にあった、という（共同通信、二月二十日）。この交渉のなかで、アメリカは「北朝鮮が核兵器を放棄しないかぎり（国交正常化につながる）交渉には応じない」と条件を出したが、北朝鮮はこれを蹴り、核実験に踏み切ったという。

そもそも、この「核放棄を約束しない北朝鮮と交渉しようとすること」自体が危険極まりないことなのである。しかし、かつてクリントン政権やブッシュ（息子）政権がレームダック化した政権末期に何を行なったか。われわれ日本人は忘れもしまい。国交正常化まで視野に入れた大胆な「米朝接近」の試みであった。

だが、北朝鮮がここまで核実験を重ねた後というタイミングでの米朝接近の恐ろしさは、クリントン、ブッシュの前任二者の場合とは比較にならない。そもそも「核保有した北朝鮮と交渉する」という時点で、「アメリカの外交敗北」は明らかであろう。もしアメリカがそんな道に踏み込めば、南シナ海などで米中関係の緊張が深まるなか、金正恩は無条件で（つまり、実質的に核保有への道を認められて）米朝国交正常化への流れを手にするだろう。

日本からなぜ核武装論が起きないのか

たしかに、アメリカがいますぐにでも北朝鮮の核保有を正式に認める、というような一線を越えることは「まだない」と見てよいかもしれない。だが、危機の想定はつねに必要である。現に、お隣の韓国ではとくにこの数年、「核武装論」がまさに花盛りではないか。韓国における核武装論の高まりの一因は、おそらくアメリカによる北朝鮮の事実上の核保有の容認あるいは米朝接近の動きを封じようとすることにある。この一点で、韓国の外交感覚は日本よりはるかに優れている、といわざるをえない。つまり韓国世論の核保有論には、こうした隠れた狙いを持った「官民一体の対米牽制《けんせい》」という面があるのである。

日本の核武装は、現実的にはNPT（核拡散防止条約）体制や国内世論とともに、中国の対日核戦力の急速な向上を考えれば、もはや不可能に近い。しかし、それを承知のうえであえて本気を装った議論、つまりある種の「シャドー・トーク」を行ない、アメリカに対し「日本が核武装するかもしれない」という恐怖心、危機感を与えることで、せめてアメリカが決定的な誤った一歩《フォーパ》（faux pas）を踏み出さないように食い止める、という発想があってもよいのだが、例によっていまの日本にはそうした外交的思考は、からっきし望めない。

この時期になっても、日本のなかからいっさいの核武装論が聞こえてこないということは、アメリカをして最も安易で危険な道、すなわち「北朝鮮の核を承認はしないが（事実上、受け入れるかたちで）米朝国交正常化交渉に移る」という大失策に走らせてしまうことにもなりかねない。いま日本は、この可能性こそを最も恐れるべきなのだ。

それゆえいま、トランプの「暴言」の意義をあらためて考えるときなのである。周知のとおり、日韓の核武装に関して、トランプは、日本や韓国が北朝鮮の核の脅威から自国を守りたければ、アメリカの「核の傘」に頼らず自力で核兵器を開発すればよい、日韓の核保有は「アメリカにとってそれほど悪いことではない」（『ニューヨーク・タイムズ』二〇一六年三月二十六日付）と発言した。

たしかに、オバマ大統領は二〇一六年五月二十七日、現職米大統領として初めて被爆地・広島を訪れたが、その狙いの一つは、退任まであと一年を切ったオバマの、「ノーベル平和賞」受賞者としての自らの「個人的レガシー（遺産）づくり」に加えて、このトランプ発言に日本人が動かされないよう巧みに「抑え」を効かせる点にあったことは間違いない。加えて、日本人に対し「アメリカは原爆投下でも謝罪などけっしてしない。謝罪するのはつねに日本であるはずだ」という東京裁判史観の再確認も、広島訪問の重要な目的としてあったと思われる。実際、諸外国のメディアは驚きをもって報じたが、広島でもオバマはひと言も原爆投下の謝罪はしなかった。たんに「人類史の悲劇」としてのみ語り、それによってアメリカの責任をタナ上げすることに成功した。もしかすると、これらのほうが「核廃絶」を謳った米大統領としての「レガシーづくり」よりも、訪問の動機として重要であったかもしれない。日本人の心情にはそぐわないが、そう考えるのが「世界の常識」なのである。

北朝鮮の核保有とイランの核開発、そして中国の南シナ海の海域支配とロシアのクリミア併合。このいずれにも共通するのは、どれ一つとしてこれまでのところアメリカが阻止できず、こうした、いわば「世界秩序の支柱」を外すことになるような深刻な事態をすでに既成事実化させてしまったことだ。それほどまでにアメリカは弱体化しているのだろうか。「冷戦が終わる」というのは、じつに恐ろしいことだったのである。

かくして冷戦後の二十五年間、世界の超大国として君臨してきたアメリカが、いまや「次の覇権国たらん」と目論む各国の暴挙を何一つ阻止できていない。それは、オバマ大統領の「無能」のなせるわざ、なのか。トランプ大統領なら阻止できるのか。否。これらはアメリカ大統領の決定だけでもはや覆《くつがえ》せるものではあるまい。では、一時は、アメリカが再建したと思われた冷戦後の世界秩序は、幻にすぎなかったのか。これらの既成事実は、パックス・アメリカーナが崩れ去る様をまざまざと日本に教えているように思われる。

ジョージ・ケナンの慧眼

冷戦時代、ソ連の「封じ込め戦略」を立案したジョージ・ケナンという外交官がいる。彼が冷戦後、主張したのは、ソ連の崩壊で大きな軍事的負担から免れるようになったアメリカが今後も大国として存続するためには、国力に余裕のあるうちに、常識的で「持続可能な外交戦略」に転換すべきだ、ということであった。

ケナンは、ブッシュ（父親）政権下のベーカー外交（湾岸戦争時のジェームズ・ベーカー国務長官の外交政策）や、九〇年代に弱体化したロシアの反対を無視して東欧への「NATO拡大」を図ったクリントン政権の外交を「途方もない愚行」と呼んで厳しく批判した。冷戦を生き延びた大国アメリカにとって、さらなる覇権の拡大を図るベーカーやクリントンの外交路線は最も危険な選択だとして、ケナンは強く批判したのである。

「封じ込め戦略」を立案したジョージ・ケナン

そして、よりいっそう重要な点は、ケナンは「民主主義」や「人権」という抽象的な価値観を掲げて冷戦終焉後もいっそう、世界各地に介入しようとするアメリカの姿勢を強く否定したことである。もちろんケナンはこうした普遍的・人類的な価値観の信奉者であったが、彼は外交をいわゆる「普遍的価値観」を世界に広げるために利用しようとする姿勢が、必ず悪しき覇権主義の呪縛にからめ取られ、結局はそうした価値観自体への幻滅を生む結果となることを恐れるべきだ、とする「歴史の知恵」を強く意識していたのである。

その意味で、じつは「封じ込め戦略」の創始者であったケナンもまた、建国の父たちの「孤立主義の知恵」を知るアメリカ史上の賢人の群像に属する一人だったといえるだろう。共産主義の拡大と冷戦を「例外的な事態」として、緊急避難的にソ連に対する外交的（軍事的ではなく）封じ込めを唱えたのが、本質的には「孤立主義者」であったケナンの本旨だったのである。

「冷戦終焉」が声高に叫ばれた一九八〇年代末から九一年の湾岸戦争にかけての時期、イギリス生まれの歴史家ポール・ケネディが著書『大国の興亡』で提唱した、「手を広げすぎた帝国アメリカの必然的衰退」という議論の是非を問う論争が世界中で行なわれ、私もこの国際的な論争に一石を投じたことがあった。その私でさえ、冷戦後のアメリカがこれほど世界中に介入を繰り返し、湾岸戦争以来、中東はじめ世界を不用意に混乱に陥《おとしい》れ、自らも本来よりもずっと早期に疲弊と衰退に陥《おちい》ってしまい、これほど「愚かな大国」になるとは正直いって予想していなかった。

ところが日本では当時、つまり冷戦終焉や湾岸戦争の時期、大半の学者・専門家や外交評論家たちは、長年にわたるアメリカ依存の体質から、「日米同盟至上主義」が抜きがたく、それこそ「骨髄」に徹しきっていたため、ポール・ケネディやジョージ・ケナンの主張を認めようとはしなかった。私自身は一人の日本人として、湾岸戦争後のアメリカの「対外過剰介入」を諫《いさ》め、ソ連崩壊後、中国も天安門事件後の大きく弱体化した状態にあったので、この十分に余裕のある時期、目立った脅威がなくなった国際情勢のなかで、アメリカは「健全な国力の余裕」を保って普通の大国へと変身すべきであり、それに見合うかたちで日本も新たな選択に踏み切り、安全保障においても「日本の自立をめざせ」と繰り返し訴え続けたものである。しかし、そうした私の議論を批判したのは、霞が関の利権をめぐり強固な派閥をつくっていた一部の親米派知識人だった。

思えば、あの時代にこそ、いまの日本外交の大きな行き詰まりの萌芽があったのである。そして二十一世紀に入る頃になっても、「アメリカが北朝鮮の核を何とかしてくれる」「中国の軍事大国化にはアメリカが歯止めをかけてくれる」「アメリカがロシアを善導して『普通の国』にしてくれる」と期待し、妄想したのは、ほかならぬこの一部親米派知識人たちであり、「現実主義者」と呼ばれる人びとだった。著名な外交評論家や国際政治学者、そして日本外務省は、無期限かつ無限定に日米同盟に寄りかかり続け、当時、冷戦終焉後、唯一の超大国路線を強め、さらなる覇権の拡大を図る、いわば「第二次パックス・アメリカーナ」の動きを未来永劫に続くものと勘違いしていたのであった。その大いなる過ちが、いま、日本の将来に大きな影を落としているのである。

その意味で、あらためて日本は、パックス・アメリカーナの行方を見通すとともに、自らの過去の選択をあらためて顧みて、将来のためにいまなすべきこと、そしていまこそ自らの口でいうべきことを、従来の主張や立場にとらわれず、新たにゼロベースで構築するときなのである。いまや避けることのできない、世界に対する孤立主義、否、「不介入路線」へのアメリカ外交の転換に備え「一極として立つ日本」をめざして、われわれはいまこそ強靱な思考と独立の気概を取り戻さねばならないのである。

第四章

「グローバリズムの限界」に直面し流動化する世界

イギリスは世界の激動の先導役となる

世界はいま、大きく流動化しつつある。そのことを二〇一六年のアメリカ大統領選挙における「トランプ旋風」とともに象徴したのが、二〇一六年六月二十三日にイギリスで行なわれた、EU（欧州連合）から離脱か残留かを決める国民投票であったことは、衆目の一致するところであろう。

今後、世界はどのように大きく動いていくのか。そのことを考えるために、本章ではイギリスの「EU離脱問題」とはいかなる意味を持つものであったのかを考えてみたい。

まず、われわれが忘れてはならないのは、近代以降において世界の大きな底流が動くとき、つねにイギリスがその端《はな》を切り、歴史の先導役を務めてきたということである。

そもそも、世界で初めて近代議会制という政治文化をつくったのもイギリスである。産業革命もイギリスが端を切り、これが近代工業社会をつくり、資本主義という経済の仕組みを生んだ。さらには自由貿易という制度をつくり、ポンドを中心とする金本位制を世界に普及させ、現在のグローバル・エコノミーの基礎となる秩序体制もつくった。産業革命と一体になって、政治経済における世界秩序の近代的枠組みをつくったのも、やはり十九世紀のパックス・ブリタニカ（イギリスの平和）である。

間違えてはいけないが、イギリスから近代が始まるのは、イギリスがつねに世界の先進国であったからではない。むしろ産業革命がイギリスという地でいち早く起きたのは、それまでイギリスが後進国だったからであった。イギリスという国は、不思議にそうした歴史に残る役割を果たすのである。

そのイギリスの運命は、世界各国に大きな影響を与えずにはおかなかった。たとえば、パックス・ブリタニカが安定している時期に明治維新（一八六八年）を行なった日本は、立憲君主制や海軍のあり方など、イギリスの制度を自ら学び、採り入れていった。日本の明治維新は、「パックス・ブリタニカ」というイギリスがつくりだした世界の経済・政治秩序のもとで成功したといって過言ではない。そして日英同盟を結んだ日本は、ロシアとの戦いに勝利し（日露戦争：一九〇四～〇五年）、遅ればせながら列強のなかの一つの大国として駆け上がることになる。

一方、イギリスが覇権を失いつつある時期に起きたのが、中国の辛亥革命であった（一九一一年）。そして第一次大戦とロシア革命によって世界秩序が混乱を始めるなか、中国は苦難の時代を経て共産主義革命という、間違った方向へ進んだのである。

イギリスは十九世紀から一貫してグローバル・エコノミーの時代を築きあげるが、それが反転するのが一九二九年である。世界大恐慌が起こり、世界の国々が右往左往するなか、イギリスはいち早く自由貿易をやめ、英本国と広大な植民地のなかに閉じこもるブロック経済へと移行する。「自国の経済が生き残るには、これしかない」と主張し、それ以外の外国の製品に高い関税をかけた。

第二次世界大戦の原因は、すべてヒトラーとヒトラーを生んだドイツにあるように現在ではいわれるが、実際はイギリスが世界大恐慌を受けて、一気に保護貿易主義に走ったことが大きい。アメリカも有名な「スムートホーリー法」を成立させて保護貿易政策に移行し、フランスなど他の国も追随していったのである。

さらにいえば第二次大戦終了後も、世界の国々の国境の壁は高かった。戦後の日本が高度成長を成し遂げたのは、実は国家による為替管理や一国単位の産業政策が可能だったことが大きい。つまり、戦後の長い期間（一九四九~七一年）にわたって、円相場が一ドル＝三六〇円に固定されていたことが、日本に大きな益をもたらした。戦後すぐに現在のようなグローバル・エコノミーの時代が来ていたら、日本だけがあれほど目覚ましい発展を遂げることはできなかっただろう。

ところが一九七〇年代になると、そうした秩序のもとでイギリスの衰退が始まる。そこから出てきたのがサッチャー改革であった。「鉄の女」と呼ばれた彼女は、金融自由化（ビッグバン）や民営化、規制緩和といった新自由主義的な構造改革を世界の先頭を切って推進していった。いわゆる「サッチャリズム」で、ここから世界史的な変化の渦が生まれだす。

このときもアメリカはいち早くこのイギリスの動きに追随し、レーガン政権が新自由主義経済政策、すなわち「レーガノミクス」を始める。

そして冷戦終焉後、ドイツやフランスなどヨーロッパ各国もこれに続き、日本でも同じ頃から構造改革の議論が始まる。そして一九九三年に、それまでEC（欧州共同体）と呼ばれていたものが、EUへと転換したのである。

グローバル経済の限界に気づきだした金融界

サッチャー改革によってイギリスのパフォーマンスが大きく高まると、世界が市場経済の基本的概念を再構築しはじめる。管理貿易や一国単位の産業政策を時代遅れと考え、新自由主義的な方向、すなわち「グローバル・エコノミー」の時代へと移行していった。やがてソ連の崩壊によって、それまでの冷戦構造は少なくともヨーロッパでは大きくその様相を変え、グローバル経済はさらに世界規模へと拡大していく。その過程で世界の富はぐんぐんと拡大し、新興国の経済発展も次々と起きていったが、しかし、その一方で、富める者と貧しき者との経済格差がそれ以上の規模でどんどんと広がっていったことが、やがて大きな問題となってくる。

そのような潮流のなか、アメリカで突如として起きたのが、二〇一六年の大統領選挙における「トランプ旋風」であった。

ここで注目したいのが、二〇一六年のアメリカ大統領予備選挙において、「右のトランプ」に対し、左でも民主党のバーニー・サンダースが「サンダース旋風」と呼ばれるほどの支持を集めたことである。サンダースもまた保護主義的な言動や格差批判の演説を積極的に繰り広げた人間であった。

このような動きの底流を解明するかのように、アメリカの「エスタブリッシュメント」でそれまでグローバリズムの旗手と見られてきたCFR（外交問題評議会）が発行する外交雑誌『フォーリン・アフェアーズ』でもついに二〇一六年には、格差を問題視する特集を組んでいる。そこでは「格差に対する人びとの怒りが、今後の世界秩序の方向を決める」といった内容が語られたのであった。

『フォーリン・アフェアーズ』は『ウォール・ストリート・ジャーナル』よりもさらに〝ウォール街寄り〟の雑誌で、いわばアメリカ金融界の知性を代表する存在である。その雑誌が、それまでの「グローバリズム礼賛」路線からの宗旨替えを、一定程度、始めたことの意味は大きい。「このままでは世界は持たない。早く手を打たないと大変なことが起こる」と世界の「資本主義の中枢」が考える時代へと移りだしているのである。

こうしたアメリカメディアの転換を見ると、サンダースが支持を広げたのは当然といえる。トランプの場合、本来は新自由主義者であり、リベラリズムの経済政策でニューヨークの経済論壇をリードした時期もあった。それが突如として主張を変えたのは、職を奪われた中間層の白人の不満票を集めるためだろう。トランプが機を見るに敏だということだが、逆にいえば、〝風見鶏トランプ〟の姿ほど「まさに時代は変わりはじめている」ことを示すものもない。

ウォール街には意外に親トランプ派が多かった。本来ならヒラリーこそ、ウォール街丸抱えの候補である。彼女は出馬にあたり、何から何までウォール街の世話になっている。しかし、そのウォール街は、トランプやサンダースを攻撃しようとせず、むしろヒラリーに冷たかったのである。

そしてじつは、まったく同じ構図は、イギリスにも見てとれる。それは、ロンドンのシティの「金融最先端」にいる人びとが、二〇一六年六月の国民投票においてどのように行動したかにも端的に現われていたのである。彼らがEU残留ではなく離脱を求めたことは、離脱派のステッカーやキャンペーンバスへのお金のかけ方を見ればわかる。メディアを見ても、とくにヘッジファンド系など新興金融資本に関わる人たちは、離脱派に回っている。今回もイギリスは、EU離脱という「古いグローバリズム」からの転換の必要を突きつけることによって歴史の先導役を果たしたといってよい。

いずれにせよ、金融の最先端に立つ人たち、つまり、いうなれば〝ネオ・グローバリスト〟たちは、すでに従来のグローバリゼーションの限界に気づいているのである。そして「次になすべきこと」を考えはじめている。

ウォーレン・バフェットやジョージ・ソロスといった著名なファンド・マネージャーや投資家たちも、世界の危険さを強調するようになっている。「中国はクラッシュする」と発言して中国政府を大いに戸惑わせたソロスが、イギリスのEU離脱に危惧を表明する一方で、どこか既定事実のように語っていたことは、まことに興味深いことといわざるをえない。

民主主義の「敵」としてのグローバリズム

イギリスのEU離脱は、ギリシャの債務危機と同様、民主主義とグローバリズムが相容《あいい》れないものであることを示したともいえる。グローバリズムの進展によって、世界経済は国境を越えて一つの単位となり、大きな作用をもたらすようになっている。一方、民主主義は一国単位の政治の制度であり、それぞれの国の国民の民意によって成り立つ。

だからこそ、国民投票の結果と、世界経済が望むこととが、まったく相容れない結果となることも起きうる。典型がギリシャの国民選挙であろう。ギリシャでは二〇一〇年の金融経済危機以降、「EUが提示する緊縮策を受け入れるかどうか」について何度も国民投票や総選挙が行なわれた。ギリシャの国民はつねに「受け入れない」という選択をし、二〇一五年一月には「反緊縮、反EU」を掲げるツィプラスが首相に就任した。以後、何度か総選挙が行なわれたが、国民はつねにツィプラスを選んでいる。

ギリシャの民意は、あくまで「EUの緊縮策を受け入れない」であった。ところがEUはこの結果を認めず、ドイツのメルケル首相は頑なに緊縮財政を要求し、EUはギリシャの国民投票や総選挙の結果をすべてはね返している。

このことが何より象徴しているのは、「グローバル・エコノミーは各国の民主主義を覆《くつがえ》そうとする存在で、民主主義の『敵』となりうる」ことである。

グローバル・エコノミーと民主主義が両立しない場合があることを、近年のいくつもの選挙結果が教えている。これは人類、あるいは二十一世紀の世界に突きつけられた大きな世界秩序問題である。民主主義とグローバル・エコノミーのどちらを優先させるか。グローバル・エコノミーを優先するなら、国際市場に従わなければならない。日本も今後、この問題に直面するだろう。やがて来るかもしれない国際市場の嵐のなかでアベノミクスが失敗に終わり、ギリシャのように国民生活はいっそう窮迫し、社会保障制度も崩壊したような場合、それでもなお国際市場に従うのか。

「次の世界秩序」は何か。民主主義を押し殺すのか、グローバル・エコノミーから一歩退《しりぞ》くのか。答えはすでに見えはじめている。EU離脱を選んだイギリスは、世界から孤立しようとしているのではない。ただEUのような面倒な市場から離れることを決めただけで、EUとは違う別の国際市場を探ろうとしている。そうした妥協的な発想が、イギリスの離脱派の主流なのだ。グローバル・エコノミーと民主主義という根本矛盾を解決する方向性が、いま、われわれには求められているのである。

ハンガリーの高速道路を警官に付き添われながら歩く難民ら(2015年9月、AFP=時事)

これは「国境」をどう考えるか、という問題でもある。ＥＵのように「国境」をなくせば当然、移民や難民は殺到する。これだけ交通と通信が発達した時代だから、シリア難民にせよ、みなＳＮＳ（ソーシャル・ネットワーキング・サービス）で情報を共有しながら海を渡ってやって来る。トルコは海を渡る産業が盛んで、それも大卒者がこぞって就職するような大企業が多い。彼らまでドーバー海峡を渡ろうとしたから、イギリスはもはや限界と決めたのである。

国境の撤廃は、ユートピアニズム（理想郷を求める政治的思考）としては立派な考えである。しかし、やって来る人たちが全員、善人とはかぎらない。なかには当然、テロリストもいる。おかしな輩《やから》を入れないためには、きわめて高度な監視システムや選別の機能が国家に求められる。つまり近代技術を駆使した国境を新たに設けなければならない。国境再強化への動きが、いま各国で着々と進行しつつある。「メキシコとの国境に壁を」というのはトランプだけの発想ではないのである。

アングロサクソンの覇権のための「嘘」

イギリスが「ノー」を突きつけるかたちになったヨーロッパ統合、ひいては二十世紀型の古いグローバリズムだが、結局のところあのグローバリズムの時代とは、何だったのか。

私の見るところ、一つは、「アングロサクソンの国が支配する時代」であった。もっといえば、アングロサクソンが失われかけた世界覇権を取り戻すために立ち上がった時代であった。

一九八〇年代、日本とドイツが製造業を中心とした経済で隆盛を極め、一方でアメリカは経済の覇権を失っていった。日本車を破壊するようなデモがアメリカ国内で起きたのもこの頃で、イギリスはそれよりも十年早く衰退した。イギリスは窮乏を極め、ＩＭＦ（国際通貨基金）の支援を受けて、何とか必需品だけ輸入できるというありさまだった。

アメリカが主導してきた戦後のIMFや世界銀行、GATT（関税及び貿易に関する一般協定）といった世界貿易の枠組みがほとんど崩れ、一九七一年のニクソン・ショックによりドルと金《ゴールド》の連動も失われた。ここで原理的には、ドル紙幣をいくら持っていても金に交換できず、ドルはただの紙切れ通貨になった。

そうしたなかで、やがて現われてきたのが「新自由主義」であった。

最初に新自由主義を唱えたハイエクやフリードマンらには、信仰が基本にあった。彼らはユダヤ・キリスト教的な西欧思想の持ち主で、唯一無二の絶対神がこの世に必ず存在すると、篤《あつ》く信じている。この思想の根幹には「究極的には人知を超えた予定調和の機能がある」という信念があり、だからこそ、人類共通の理想を考えるような大きな思想も出てくる。

しかも、ハイエクなどは計画経済や国有化の問題を鋭く指摘しつつ、その一方で、けっして単純な放任主義をもって是とはしなかった。「自由主義」の重要性を指摘しつつも、競争が効率よく働くシステムを慎重につくっていく必要性は十分に認めていたのである。「自由主義の基本原理には、自由主義は固定した教義であるとする考え方は、まったく含まれていない。……競争ができるだけ効率よく働くシステムを慎重に作っていくことと、現に存在している慣習的制度をあるがまま受動的に受け入れていくこととの間には、非常な隔たりがある。……とりわけ『自由放任《レッセ・フェール》』の原則に凝り固まった自由主義者の融通のきかない主張ほど、自由主義にとって害をなしたものはない」（F・A・ハイエク著『隷属への道』春秋社）という言葉が、そのことをよく象徴している。ハイエクは、まさに共産主義的計画経済と自由主義経済とがしのぎを削っていた時期に活躍した論者であるから、自ずとその議論にも緊張感があったといってよい。

ところが、ソ連が崩壊し、共産主義経済の敗北が衆目の一致するところとなると、その緊張感はたちまち崩れ去った。まさに「市場原理主義」と称されたような原理主義的で野蛮な主張が、どんどん大手を振るようになるのである。思えばこれは、非常に野蛮なやり方であった。人間がさまざまな調整や規制、場合によっては奨励を行なうなど、意識的で合理的な選択によって運営していくのが人間社会のあるべき姿で、「規制がないほどよい」などと乱暴に放り投げるのは一種の単純なイデオロギーとしかいえぬものであった。

そのように成り下がった「新自由主義」に嘘があることは、欧米の知識人ならみなわかっていた。一九九〇年頃、ある国際会議で出会った高名なアメリカの経済学者に、新自由主義に関する疑問をぶつけたことがある。彼はFRB（連邦準備制度理事会）の政策にも影響を与えるノーベル賞級の学者であったが、このとき返ってきたのが「こうでもいわなければ、アメリカが経済の指導力を発揮できない」というものだった。

昼の会議が終わり、夜の食事会で、みなが三々五々あちこちで雑談をしはじめたときのことである。私が経済の素人だから気を許したのか、「素人にしては、いいところに目をつけた」と前置きして、本音を多少、露悪的に話してくれた。

「グローバリゼーションをやるのは、アメリカが世界の覇権を取り戻すためだ。グローバリゼーションを金融を中心にやれば、われわれは絶対に勝つ。そのために世界の垣根を取り壊し、日本やドイツといった製造業中心の経済大国に規制緩和や民営化、金融ビッグバンなどを無理強いする。われわれにはそれだけの国際政治力がある」

当時のアメリカはまだ十分強く、そこまでやる必要はないように思えたが、彼らが最も気にしていたのはドルの未来だった。「基軸通貨としてのドルの地位をいかに保つか。これがアメリカ覇権の肝の肝だ」とも語っていた。

ドルの地位保全については、ニクソン・ショック以来、彼らがずっと考えてきたことである。金と交換できないドルなど、ただの紙切れにすぎない。「紙切れが基軸通貨」というのは本来不健全な話で、こんな時代が長く続くはずがない。そのことへの恐れこそが、彼らの強烈な危機感の裏側につねにあるものであった。

「ここで行けるところまで行ってしまう」

まずは冷戦を終わらせ、グローバル・エコノミーの時代に切り換える。ヨーロッパ統合を推進して、EUやユーロといった、およそ人間の常識が成り立たないものを成り立つかのように思わせる。そのためにメディアを総動員して、一つの神話をつくりあげる。これが彼ら（ネオ・グローバリストが台頭してきたいまから見れば、オールド・グローバリストと呼びうる人びと）のやってきたことである。

もちろん、誰かがはっきりしたシナリオを書いて、それに沿って動いたという話ではない。おそらく集合的に同じ時期にみんなが漠然と同じことを考え、動いた。「ソ連が崩壊したのだから、今後は世界中で民主化が広まるだろう」「国境をなくしてマーケットを一つにしたら、多くの途上国も繁栄できるだろう」「市場経済は自由を支える。それはやがて〝人権の時代〟をもたらす」――。

こうした物語が生まれだすと、誰もそれに抗《あらが》えず、みなが「そのとおり！」「賛成！」となるのは自然な流れである。そのなかでアメリカとイギリスが世界的なリーダーシップを発揮し、ソ連崩壊後の世界で共産主義を一掃し、「自由」「人権」「法の支配」といった普遍的価値観を再確立しようとした。

そこには使命感もあっただろう。実際、当時のアングロサクソンのエリートたちは「宗教的なものも含めた使命感が、われわれにはある」と公言していた。

だが、彼らには限界がある。冷戦が終わり、ベルリンの壁が崩壊したとき、ジェームズ・キャラハンという総理大臣を務めたこともあるイギリス労働党の老政治家に、私が質問したことがある。

「ソ連が崩壊したからといって、何か無茶苦茶なことをしたり、世界を変えようといった発想を持てば、かえって危ないのではないか」

その問いに対し、彼の答えは次のようなものだった。

「いや、こんな機会は二度とない。ここで行けるところまで行ってしまうことが大事だ。ソ連を一掃して、共産主義や全体主義、アジアの封建主義など、本来の思想から見ておかしいと思うものは、この機会に一掃する」

キャラハンは私もよく知っていたが、ふだんは非常に穏健な人物である。当時、首相の座から引退して十数年経っていたが、彼ですらこのようなことを口にするのかと驚いた。非常に穏健で常識的で、中庸の徳やバランスを重視するイギリス人でも、「狂う瞬間」があるのだ。アングロサクソンの本質はやはりゲルマンの狩猟民族であり、バイキングの後裔である。

彼らにとって、「グローバル化」「市場経済中心」「規制緩和」「民営化」といったものは、「ここで行けるところまで行ってしまう」ための一つのお飾りにすぎなかったのかもしれない。ある種のプロパガンダである。もちろん、個々の人間がどこまで明確に意識化していたかは不明だが、そういう大きな潮流があったことは間違いない。

それがわずか二十年あまりで綻《ほころ》びが見え、それればかりか世界が大きく乱れだした。イスラムで起きているテロも、湾岸戦争やイラク戦争、アフガン戦争などでイスラムをひどく圧迫したことに起因する。その報復に彼らは出ているわけで、アメリカの庶民もそのことがわかってきた。だからトランプが出てきて、「もう彼らを相手にするのはやめよう」といいだした。「核爆弾でも一つ落として、あとは知らんぷりすればいい」というのがトランプ流の言い方であった。

歴史を転換させた五つの出来事

グローバリゼーションについて考えるとき、一つ参考になるのがアメリカのジャーナリスト、クリスチャン・カリルの『すべては1979年から始まった――21世紀を方向づけた反逆者たち』（草思社）である。著者のカリルは『ニューズウィーク』の東京支局長を長く務め、アメリカの外交政策研究季刊誌『フォーリン・ポリシー』の客員編集員としてドイツ、ロシアでの取材経験もある。学識が高く、現在はフリージャーナリストとして活動している。

本書では「一九七九年」を歴史を転換させた重大な年と位置づけ、一九七九年に起きた五つの出来事に焦点を当てている。一つはイランのホメイニ革命で、西側に最も忠実な同盟国として、近代化路線のもと高度経済成長を遂げていたイランが、一瞬にしてイスラム化し、現在のようなイスラム共和国になった。これこそイスラム原理主義の走りで、それまでイスラム原理主義が国際的に注目を浴びることは、ほとんどなかった。「一九七九年にイランで何があったのか」程度の問題意識で考えるのは大間違いで、これは人類史に関わる話なのであると、カリルは述べている。

同じ年にソ連のアフガニスタン侵攻が起こり、ここからソ連崩壊への道が始まる。これにより米ソの第二次冷戦が激化し、最終的にベルリンの壁崩壊へと至るのである。

さらに一九七九年は、ローマ法王に就任した直後のヨハネ・パウロ二世が母国ポーランドを訪問した年でもある。ヨハネ・パウロ二世はローマ法王のなかでも特異な存在である。彼はポーランド人で、イタリア系以外からローマ法王が出るのは、じつに四百五十年ぶりであった。共産圏出身の法王も珍しく、彼の大使命はマルクス主義に対抗して、キリスト教信仰を復権させることにあった。ヨハネ・パウロ二世のポーランド訪問は、東ヨーロッパ地域におけるキリスト教的伝統への回帰を促し、さらにポーランドの「連帯」という自由化をめざす反体制運動と結びつき、共産主義体制の崩壊を精神面から導いたと、カリルは述べている。

つまりアフガニスタン侵攻で始まった米ソ対立は、最後はパワー・ポリティクス（武力政治）により、ソ連崩壊へと至らせる。その一方、西側から精神面での圧力を受け、さらにソ連国内が経済的に行き詰まる。これら三つの要素が重なり、ゴルバチョフ書記長によるペレストロイカ（改革）とグラスノスチ（情報公開）も失敗し、ソ連は崩壊する。この一連のつながりにおいて、一九七八年のヨハネ・パウロ二世の即位は重要な役割を果たしたというのである。

そして中国で鄧小平による経済改革が始まるのも、一九七九年である。一九七八年十二月

バチカンを訪問したゴルバチョフ・ソ連書記長（左）と会見するヨハネ・パウロ二世（1989年12月、AFP=時事）

に文化大革命が否定されて毛沢東の時代が終わり、翌七九年から今日の中国の市場経済化につながる路線を大々的に設定する。毛沢東の唱えた「実《じつ》事《じ》求《きゅう》是《ぜ》（現実から学んで理論を立てる）」に新たな解釈を加え、さらに「白猫でも黒猫でも、ネズミを捕るのがよい猫」などと大号令をかけ、経済発展を追求していく。この年には日本を訪問して、松下幸之助とも対話している。同書には、このときの訪日が非常に大きなインパクトを与えたとも書かれている。

　そして五つ目が、サッチャー政権の成立である。私も覚えているが、一九七〇年代半ばに彼女が出てきたとき、「マーガレット・サッチャーという、とんでもないことを口走っている保守党の女性がいる」という強烈な印象を受けた。まさに、当時のイギリスの常識では、「トランプ」のごときイメージであった。そもそも、当時は労働党政権が長く続いていた時代で、保守党の党首など誰一人成り手がなかった。党首選にも立候補する人がなく、そうしたなか、彼女が立候補し、一九七五年に党首に就任する。

その後もしばらく保守党は鳴かず飛ばずだったが、七九年五月に行なわれた総選挙で奇跡的に勝利する。当時、労働党政権の経済政策の失敗により、イギリス経済は破綻の極みにあった。この年の冬は「怒りの冬」と呼ばれ、イギリスのマスコミは大々的に政権を攻撃していた。国家予算も地方予算もすべて崩壊状態で、ゴミ収集も行なわれず、ロンドンの目抜き通りにあるピカデリーサーカスやリージェント通りなどは、ゴミの山が二階の窓も塞《ふさ》ぐほど積み上がっていた。「ゴミの谷間」を二階建てバスが走るというのが、当時のロンドンの光景だった。

犯罪は激増の一途で、予算カットにより電灯が消され、夜は真っ暗になった。旅行客たちのあいだではストライキ情報が恒常的に飛び交い、ストライキをやっていない場所を見つけては観光に出かけた。海外から果物や砂糖が輸入できないため、ＩＭＦから緊急融資をときどき受けるという様相だった。

最後は火葬場まで動かなくなり、火葬場の前にはあちこちから運び込まれた棺があふれた。留学生だった私はボランティアで見知らぬ人の棺を担ぎ、稼働している自治体の火葬場まで運んだこともある。まさに国家破綻間近で、私は帰国する際、「この国は終わるのではないか」と危ぶんだものである。

ところが、サッチャーの登場によってイギリスは立ち直った。

鄧小平の経済改革が当時の中国にとって革命的だったように、サッチャリズムの経済政策は先進資本主義諸国に対し、画期的な新しい方向性を打ち出した。市場経済中心で民営化、規制緩和を行なう。さらには国境を越えた金融自由化を世界に広げていく。これはとてつもなく革命的な経済政策論だった。

イギリスだけで行なわれた改革であれば、世界的な流れにならなかっただろうが、翌年アメリカに飛び火した。一九八〇年はアメリカ大統領選挙の年で、ジミー・カーターとの戦いに勝利したロナルド・レーガンが、サッチャリズムに倣《なら》ってレーガノミクスを唱えた。この二人が世界に呼びかけた大きなイニシアティブにより、「グローバル・エコノミー」の時代が始まるのである。ただ、当初、サッチャリズムとレーガノミクスは、引き金ではあってても、その本質には謙虚さと理性があった。それは、彼らが経済的苦境という「敗北の地」から改革を始めたことによる。だからこそ、彼らの改革は成功への劇薬となりえた。

ところが彼らの改革が「成功」し、ソ連の崩壊ももたらされたことにより、グローバル・エコノミーへの流れは圧倒的なものになり、それに伴って「野蛮な原理主義」が熱狂的に大手を振ることになったのである。

EUはアメリカのための「入れ物」だった

たしかに、英米発のグローバリゼーションが、今日にまで至っている。そう考えればこのグローバリゼーション（いまから見ればオールド・グローバリゼーション）は「アングロサクソニゼーション」あるいは「アングロサクソン・グローバリズム」であり、ただのグローバリズムではない。イギリスあるいはアメリカの法制度、規範意識、市場概念、経済文明、人間観に関わる特定のキリスト教的カルチャー、さらにいうなら両国の長い歴史と伝統といったものが、いまのグローバリゼーションの大きな根本精神になっている。

これはEUにもいえる。EUの本質をひと言でいえば、「ヨーロッパのアングロサクソン化」である。日本では「アメリカに対抗するためにヨーロッパが一つになった」と考える人が多いが、これは間違いで、EUはしょせん「パックス・アメリカーナ」のもと、アメリカによってつくられた入れ物なのだ。

アメリカがEUをつくろうと考えた、そもそもの動機は冷戦を戦うためである。これはASEAN（東南アジア諸国連合）も、日米安保、NATO（北大西洋条約機構）も同じである。つまり、「ヨーロッパのアイデンティティ」など関係ないのである。たしかに、そういう外装はまとっているが、本質は「パックス・アメリカーナの副産物」といって差し支えないのである。

ヨーロッパ統合というと、よく「二つの世界大戦で平和を大きく破壊されたヨーロッパ人が、二度と同じことを繰り返さないよう、戦争のない地域をつくろうとした。そのために国家の枠を取り払い、ヨーロッパを一つにしようとした」という話を聞く。たしかにEUの源流の運動をした人たちの一部には、そうした理念を持つ人もいた。EUの父の一人とされるオーストリアの貴族リヒャルト・クーデンホーフ＝カレルギーもそうで、まだ貴族社会だった第一次大戦後のヨーロッパでは、国際赤十字やオリンピック運動、あるいは国際連盟と同様、「ヨーロッパ統合」が一つの理想主義運動としてあった。

ただ、それが一九五〇年以後のヨーロッパ統合運動と有機的につながることを示す実証的な研究はない。現在のヨーロッパ統合の始まりとなるのは、一九五〇年のシューマン宣言である。当時の西ドイツの石炭とフランスの鉄鉱石、つまり戦争に欠かせない物資を両国で共有する。これにより戦争が起こらないようにするというもので、この宣言に基づき翌五一年、イタリア、オランダ、ベルギー、ルクセンブルクも加わった六カ国による欧州石炭鉄鋼共同体（ECSC）が発足した。

だが石炭と鉄鉱石を共有すれば戦争が起こらないというのは、一種「子供だまし」の議論である。実際はアメリカのソ連に対抗するための西ヨーロッパへのテコ入れという冷戦戦略に基づくもので、一九五〇年頃、ソ連と対抗するためにアメリカがつくろうとした欧州防衛共同体（EDC）構想と基本的には同じである。

一九四九年に西ドイツが発足し、一九五五年、米ソ英仏による占領が終わる。この西ドイツをアメリカはNATOに取り込もうとしたが、フランスは西ドイツの加盟を拒んだ。そこでアメリカはフランスとドイツの軍隊を統一して、「欧州防衛共同体」をつくらせようとした。一つの軍隊になれば、ヨーロッパは二度と戦争できなくなる。そもそもドイツの東半分までソ連の勢力圏にあるなか、まずはソ連に備えることが第一で、ヨーロッパ同士で戦争している場合ではないというわけだ。

だがフランス人は、ドイツ人と同じ軍隊をつくることを認めようとしなかった。この件について今回のイギリスのように国民投票にあたる総選挙が何度も行なわれたが、結果はつねに「ノン」で、最後はアメリカも諦《あきら》めざるをえなかった。

アメリカとしては、将来的には必ずドイツをNATOに入れたい。そこでヨーロッパ内で始まっている「ヨーロッパ統合」という流れを利用して、西ドイツと旧連合国を協調させて実績をつくろうと考えた。つまり国際政治的にいえば西ドイツをNATOに迎え入れるための布石として打たれた手が、欧州石炭鉄鋼共同体だったのである。

アメリカは同時にフランスと西ドイツ国内に、親米派を積極的に養成した。そのためにCIA（中央情報局）が膨大な工作資金を費やしたことが、最近公開されてきた資料からわかっている。サンフランシスコ講和後の日本でも、アメリカは同様の工作を行ない、とくに政界では選挙のたびに何億円という資金がCIAから自民党へ流れている。当時、強大な力を持っていた共産党に対するアメリカの「巻き返し戦略」の一環で、日本の学術界やマスコミ界にも大金が投じられた（こうした点について、詳しくは、有馬哲夫著『CIAと戦後日本』平凡社新書、二〇一〇年、および松田武著『対米依存の起源』岩波現代全書、二〇一五年などを参照のこと）。

西欧各国のオピニオンリーダーを取り込み、ヨーロッパ統合に賛成するメディアを育成する。まさに手取り足取りアメリカが「お世話」をしてスタートさせたのがヨーロッパ統合運動で、これが現在のEUにつながるのである。つまりすべては冷戦戦略だったのであり、だから冷戦が終わったいま、本当のところ、ヨーロッパ統合が進む動機はなくなっていたのである。

「原理主義」がもたらした破壊と混迷

さらにもう一ついうならば、冷戦終焉後、原理主義化した「グローバリズム」は、ある意味において、イランにおけるホメイニ革命と同じ意味を持ったのかもしれない。

ホメイニ革命でイランは、まさに「中世のように」なったといわれる。ホメイニ革命以前、最後の国王となったモハンマド・レザー・シャー・パフラヴィー（パーレビ国王）の支配下にあったイランは、西欧近代化の道を歩み、明治期の日本のような文明開化を果たした。私は一九七〇年代、イギリス留学中、日本に帰国する際は旅費の安いアジアハイウェイを使ったことがある。アジアを横断する「高速道路」で、トルコからバスに乗って帰る途中に通るイランの街は、驚くほど近代化していた。トルコよりもヨーロッパやアメリカに近く、日本よりずっと西洋化されていた。女性はみなミニスカート、ハイヒールで歩いていた。アメリカ製の大きなキャデラックに子供を乗せた母親が、テヘランの街を運転する姿も日常的に見られた。

英語も流暢《りゅうちょう》で、私より英語がうまい人もたくさんいた。ハイウェイではアメリカ車が猛スピードで走り、われわれのバスをどんどん追い越していった。ただしハイウェイから少し外れたところでは、砂漠を歩くラクダの姿が見えたりもし、私はそのギャップも楽しんだ。

アフガニスタンもまだ平和で、パキスタンとの国境にあたるカイバル峠も越えたが、イスラミズムの影も形もなかった。バスには、アメリカ人やヨーロッパ人の旅行者もたくさんいて、七〇年代の中東はいまから考えると非常に平和で安定していた。「これからも欧米化は進むのだろう。日本も負けてはならない」などと思いながら、旅行したものである。

それがいまや、まったく様変わりした世界になっている。これが彼らの望んだ世界なのだろうか。バスで数回しか訪れていない私には不明なことも多いが、確実にいえるのは、イスラム過激派によるテロが多発する社会よりは、当時のほうがはるかに平和だったということである。とりわけ二〇一〇年から始まるアラブの春以後、中東で秩序が安定している国など一つもなくなってしまった。この「逆行」の意味は、いったいどう考えたらよいのか。

中東にかぎらず、当時のヨーロッパの人びとの生活も、イギリスを除いて大陸はみな安定していた。七〇年代は石油ショックが二度も続き、不況期ではあったが、それなりに均衡は保っていた。翻《ひるがえ》っていまのヨーロッパは、どうか。確かに、鳴り物入りの大繁栄を遂げている。ロシアのモスクワやサンクトペテルブルクを訪れても、同じような考えに襲われる。非常に豊かできらびやかで、夜になっても明かりが煌々《こうこう》と灯り、ショッピングモールに人が詰めかけている。だがロシア人のなかには、旧ソ連時代を懐かしむ声があると聞く。共産主義の抑圧体制の復活を望む人はいないだろうが、あの頃の安定した生活を望むロシア人は増えている。

たしかに、いまの生活よりソ連時代の生活のほうがよかったというのは、みな高齢者である。とはいえ若者も、そういう時代があったことは知っている。雇用は保障され、年金も必ずもらえる。慎ましく、刺激は少ないけれど、現在のようにいつクビになるかわからない、いつ物価が二倍になるかわからない、そんな不安定な時代ではない。

しかも当時、一日の労働時間は建前は八時間だったが、実際は途中で帰ることも多かった。それがいまは十時間以上働いても、給料は上がらない。むしろ実質的には下がっていく。息つく暇なく、勤め先を次から次へと変えざるをえない。そんな目まぐるしい生活に耐えがたい不満、苦悩、プレッシャーを感じながら生きている。アルコール依存症の患者が激増し、麻薬も蔓延《まんえん》している。そういう若者の現状を心配する年配者も多い。

ドイツやイギリス、アメリカなどでも、そうした声は増えている。一九七九年から始まり、八〇年代半ばに世界にどんどん広がっていったグローバル・エコノミーは、たしかに功罪の「功」の部分もたくさんある。途上国の経済成長も、その一つである。バングラデシュを訪れたときも、その発展ぶりに驚いた。二十年ほど前に訪れたときの貧困ぶりはひどいものであったが。このような発展は「功」の部分だろう。だが、そのような地において、いまや日本人にも甚大な犠牲者を出した大規模テロが起きていることも確かである。

ドイツを羽交い締めにするための逆張り

こうしたことを考えてゆくと、イギリスのEU離脱を考えるときは、巨視的な視点を持つ必要があることがわかる。

二〇一六年春から、ボリス・ジョンソン（現外相）をはじめ離脱派の主導者たちは、二階建ての大きなバスを仕立てて、イギリス中をキャンペーンして回った。バスの脇腹には、中部ヨーロッパのオーストリアやハンガリーの平原を延々と歩く難民の写真をプリントしていた。海を越えてやって来る、中東の不法移民を象徴する光景である。どういう理屈をつけ、

バスを仕立ててキャンペーンをするボリス・ジョンソン（2016年5月、EPA=時事）

どういう理念を訴えたところで、この光景を見たらEUから離脱すべきとイギリス人は思う。

しかも、EUを主導するドイツのメルケル首相は、二〇一五年九月以降、難民をいくらでも受け入れると発表していた。その発表の裏には、ドイツの圧倒的な労働力不足があり、しかもイスラム教徒はドイツに定着しないという読みがある。ドイツにはトルコ系がすでに大勢いて地歩を占めているから、新たに入ってきたイスラム教徒は、必ずデンマーク、スウェーデン、フランスなど別の国に移っていかざるをえなくなる——そうした底意を知っているので、ヨーロッパのほかの国々の人は、メルケル首相の発言に反発した。イギリス人もそういうドイツの思惑に巻き込まれないよう、距離を置こうと考えたのである。われわれが忘れてはならないのは、ＥＵ設立の大きな目的の一つは、明確にドイツの監視だったということである。

ＥＵの歴史を振り返ると、それまでＥＣと呼んでいたものがＥＵに変わるのは、ＥＵの創設を定めたマーストリヒト条約が一九九三年に発効して以降である。ＥＣは「ヨーロピアン・コミュニティ」の略で、コミュニティは「雑多な要素があってもお互いに共存できる共同体」という意味である。各国がバラバラであることを大前提に、そのうえで共同体をつくるというもので、そこには「共存共栄」の哲学がある。

加盟国は、それぞれ独自の存在を認められる。当然の話で、国家を超える存在など、近代文明において考えられない。すでに述べたように、もともとは冷戦時代からのヨーロッパ統合運動に始まるもので、冷戦が終わった段階で、口先では「いっそうの統合深化を」といわれていたが、じつのところでは解散するのではと恐れられていた。

ここで問題となったのが、ドイツの存在だった。東西ドイツの統一（一九九〇年）によって強大なドイツが生まれ、ドイツを押さえ込まないと不安でたまらないというのが、フランスの偽らざる心境だった。イタリアにも、ドイツを自分たちのレベルにまで「引き下げたい」という思いがあった。そこには半島の国特有の、山向こうや海の向こうが絶えず気になる、という心理特性が関係しているだろう。

ヨーロッパの国は、お互いに強いジェラシー（嫉妬心）を持ち合い、それをダブルトーク（裏表ある言動）でごまかし合って生きている。つまり冷戦後のヨーロッパ統合の動機は、恐怖なのである。

しかもアメリカも、ゴルバチョフの平和攻勢に手を焼き、むしろ引き続き「ソ連（ロシア）の脅威」を強調することで、ヨーロッパ諸国の自立を阻止し続けようとした。冷戦後も覇権を保ちたい、あるいは拡大したい、と思っていたアメリカにとって、ヨーロッパ統合は「個々の潜在的なライバルの力を削《そ》ぐ」という点で望ましかった。

フランスやイタリア、あるいはイギリスの一部にも、EC設立により利権を得ている団体が経済界内にあった。もちろん、目先の経済利権だけで考える一派もあり、これらが相まってヨーロッパ統合について、ドイツ以外の国々の利害が一致することになる。

つまりドイツを羽交《はが》い締《じ》めにするため、「より深い統合、より緊密な統合」という逆張りを行なったのである。いわば「恐い」と思っている人とあえて結婚し、同居して監視するようなものである。動機としては非常に不純で、その動機がここへきて露わになり、「イギリスの離脱」というショックによって、統合力の破綻という結果につながったのである。

イギリス人としては、EU加盟によって一つの国になるとか、欧州諸国と政治統合するとか、財政や金融政策の大半をEUに委ねるとか、そんな約束をした覚えはない。巨大な単一市場があるから市場欲しさに入ったにすぎず、それなのにあれこれ雁字搦《がんじがら》めにされ、挙げ句に移民が殺到してくる。こんな統合には「もはや何一ついいことがない」というのが、多くのイギリス国民の共通認識であった。

サッチャーが直面した矛盾

ヨーロッパ統合については、じつはグローバリズムの提唱者であるサッチャー自身、矛盾を抱えていた。

彼女は九〇年代以後、ヨーロッパ統合に大反対で、「統合は絶対に間違いである」と言い続けた。「ブリュッセルの官僚が勝手に方針を決めて市場を操作する、あるいは規制を導入するというのは、イギリスの議会制や自由経済の原理に反している」というのである。

サッチャーは一九七九年に首相の座に就き、一九九〇年に突如失脚する。その直接の原因は人頭税の導入で、これにより全国で暴動と反対運動が巻き起こった。だがそれ以前から保守党内では「サッチャー追放」の声が上がっていた。理由は彼女が徹底してヨーロッパ統合に反対したからである。

すでに冷戦が終わることは確実であった当時、アメリカもヨーロッパの主要国も、次はドイツを「羽交い締め」にするため、あるいはアメリカの覇権を支えるため、ヨーロッパ統合をより深化させる方向に向かっていた。なかには当時のジャック・ドロール欧州委員会委員長のように、より強力な官僚統制中心のヨーロッパ統合を唱える人もいた。これは一九八五年から一九九五年まで欧州委員会委員長を務めた、このドロールという人物がフランスの官僚出身ということもあるだろう。彼を嫌うサッチャーは、さらにヨーロッパ統合反対の声を強めていった。

当時のイギリス経済界は、冷戦後の不況の到来を強く心配していた。彼らの利害や関心も汲んで、保守党はサッチャーの追放を決める。つまりサッチャーは、ヨーロッパ統合派に敗れたのである。まさに今回とは、逆の結果である。

たしかに、「ヨーロッパに貿易障壁のない単一市場をつくるのは、よいことである」とサッチャーも認めていた。にもかかわらず、彼女がこれ以上の統合に強硬に反対したのは、国家の主権を奪われることを危惧したからであった。「大事なのはヨーロッパが偉大な国になることではない」「われわれはグレート・ブリテンだ」「確かな国家主権があってこそのグレート・ブリテンなのである」というわけである。

さらに彼女は、今回の離脱問題で浮上した、もう一つの問題も懸念していた。当時、スコットランド独立運動が激しさを増しており、彼女のこの「われわれはグレート・ブリテンなのだ」という言葉には、「スコットランド独立など認めない」という意味も含まれていたのである。「国民投票など絶対にさせない」「ポンド通貨を使いたければ、われわれイングランドについてきなさい」というわけである。EUはグレート・ブリテンの存続の敵であり、これ以上、国家主権を奪われてはならない、奪われれば、いずれスコットランドを失ってしまう。そんな意識が、彼女のなかにはあったのだ。

マーガレット・サッチャー

新自由主義の立場から構造改革を進めたサッチャーは、グローバリズムの先駆者でありながら、ヨーロッパ統合に没入はしない。このサッチャーの矛盾は、われわれが直面している矛盾でもある。グローバル・エコノミーのもと、市場原理中心に経済政策を運営していく。世界が一つのマーケットになることで、みなが繁栄していく。これはよいことだが、一方で格差、緊縮財政の悲劇、移民の急増、宗教紛争、民族対立、階級対立など、あらゆる矛盾が噴出している。これを解決するのは、結局は各国家の主権、あるいは政府の政策しかない。

つまりグローバル・エコノミーには、二〇一〇年代に入った現在、もはや「これ以上は進めない」という天井が到来している。じつは主権国家というもののサバイバル能力、バイタリティ（生命力）は大変なものがあるのである。国家主権が崩壊の淵に立たされ、国家が成り立たなくなったときには、国家というものは必ずグローバル・エコノミーの発展を抑制する方向に動かざるをえないのである。

いわれるほどの「EU依存」はない

そうしたなか、イギリス国民が下した結論は「経済だけでは決めない」というものだった。むしろ移民の流入を抑制するためには、イギリスがEUを抜けることで少しくらい経済的に不利になっても仕方がない、という強い気持ちが国民投票を通じてはっきりと示されたわけである。しかもイギリス人は、サッチャー以前の苦難の時代からイギリスが復活したのは、ヨーロッパのおかげではないことを知っている。

もともとイギリスがEU（EC）加盟に踏み切ったのは、国の未来に対して自信を失っていたからである。六〇年代から八〇年代にかけてイギリスは大英帝国を失い、自分たちがどこに新しいフロンティアを求めたらよいのかわからなくなった。アメリカも冷戦の激化により、イギリスをあまり気にかけなくなった。そこでイギリスは、自分たちが生きる道はヨーロッパしかないと考えだす。

オーストラリア、カナダ、ニュージーランド、南アフリカ、インド、シンガポールなど、大英帝国時代に植民地だった国々は世界中にある。アメリカ合衆国も、イギリス人から見ると旧植民地の一つである。これら諸国のほうを向いても「発展の道はない」と、当時のイギリス人は考えた。一方、かつてトラブルばかり起こしていたヨーロッパの国々が、ヨーロッパ統合に成功しつつある。一九七三年には「ヨーロッパ・アイデンティティ宣言」が出され、自分たちの住む世界は、こちらではないかと思いはじめたのだ。

だが、最近二十年の大陸ヨーロッパを見ると、経済はドイツを除き、多くの国が低迷している。一方でイギリスだけは非常に繁栄し、いまや日本と比べてもずっと豊かで、一人当たりの国民所得もすでにずっと前に日本を抜いた。面積・人口で日本の半分程度しかないイギリリスが国民所得全体で日本を抜く、すなわち一人当たりの所得が日本の二倍になる日がきても、おかしくない勢いであった。

イギリスの繁栄は、アメリカ、日本などの企業進出によるところが大きい。近年では、中国経済の影響もある。内訳を見ても、イギリスからヨーロッパ大陸向けの輸出は四〇パーセントにすぎず、残り六〇パーセントはヨーロッパ外向け輸出である。昔からイギリスのヨーロッパ大陸向け輸出は、さほど多くなかったのである。

しかも輸出の多くはモノでなく、いまや金融を中心とするサービスである。金融中心の経済構造になっているイギリスにとって、関係が深いのは、むしろスイス、スウェーデン、ノルウェーといったEUと少し距離を置いた国々で、いわれるほどの「EU依存」はない。

さらに、離脱によって一〇パーセントのEU域外共通関税をかけられたとしても、EU離脱によるポンド安というアドバンテージがあれば、十分乗り越えられる。しかも取引はポンドだけでなく、ドル決済も多い。そう考えると為替が安くなっても、輸入で困る心配はない。資源にしても、石油は北海油田があるし、ガス田はノルウェー沖にたくさんある。

サッチャーの抱えた「反欧州」という問題意識も、そこに働いている可能性がある。たとえばイギリス紙幣から女王の肖像画がなくなるような事態を、イギリス人は認めたくないだ

5ポンド紙幣に描かれたウィンストン・チャーチル（AA/時事通信）

ろう。だから、これまでもずっとユーロの導入は見送ってきたのである。二〇一六年九月から、五ポンド紙幣にウィンストン・チャーチルの肖像画が使われることになった。

他方、大陸EUの通貨であるユーロに使われているのは、橋や門といった建築物ばかりである。歴史上の人物を使うと、どの国の人物であれ、必ずほかの国から文句が出る。そこで建築物、それも特定の国ではなく、各時代の建築様式をイメージさせる架空の建築物を採用した。

そもそもこの時点で、「ヨーロッパ・アイデンティティ」なるものには限界があったのである。その意味で紙幣の図柄は象徴的で、この実験が長くは続かないことを示していたといえる。

「アメリカを動かせるイギリス」は安定の要

いわれているように、イギリスのEU離脱によって、ヨーロッパにおけるイギリスの存在感が薄れるかというと、そうはならないだろう。

日本人はあまり理解していないが、イギリスがヨーロッパで占める位置は、ドイツやフランスと同程度の一流国にとどまらない。イギリスの存在は、昔もいまもヨーロッパ安定の「要」であり、じつはイギリスがいなければヨーロッパは「まとまらない」のである。しかも一九七〇年代と違い、いまヨーロッパを大陸だけに委ねると、明らかにドイツの天下になる。それぐらいドイツは大きすぎる存在になっている。

冷戦が終わるまでの西側ヨーロッパにとってドイツとは「西ドイツ」で、いまの半分程度の国力しかなく、フランスだけでも十分に抑えられた。さらにオランダ、ベルギー、イタリアという伝統的な反ドイツ国家が周囲にあった。

だがいまは、まったく違う。断トツに強大になった統一ドイツに加え、ドイツに従属しがちな東ヨーロッパがEU加盟国になっている。ポーランド、チェコ、スロバキア、ハンガリー、スロベニア、さらにバルト三国（エストニア、ラトビア、リトアニア）はドイツ経済圏で、みな「ドイツの裏庭」である。

またフランスやオランダ、デンマークなど西ヨーロッパにとっても、いま安全保障上の最大の脅威はイスラムテロと同時に、プーチンのロシアである。ポーランドやバルト三国に至っては、ロシアの脅威をひしひしと肌身に感じている。毎日のようにバルト海でＮＡＴＯの軍艦とロシアの空軍機がニアミスを起こし、いつ軍事衝突が起きてもおかしくない。

そうしたなかで、イギリスの存在は大きい。

経済的にイギリスはドイツの風下にあり、文化・伝統ではフランスの風下にある。だが安全保障・軍事・外交においては、とくに国連を中心に動くとき、アメリカと特別のコネクションを持ち、陰に陽にアメリカを動かす力を持つイギリスは、ヨーロッパにとって欠かせない存在であった。

第二次大戦において、ナチス・ドイツを打倒するためアメリカを参戦に引きずり込んだのも、イギリスのチャーチルである。日米開戦にしても、一日も早くアメリカを参戦させないとヒトラーに勝てないと考えたチャーチルが仕組んだという見方もできる。

「一九九一年の湾岸戦争を起こしたのは誰か？」というとき、張本人はもちろんサダム・フセインのイラクである。だが、一九九〇年にイラクがクウェートに侵攻した当初、アメリカのブッシュ大統領（父親）はイラクを攻撃すべきかどうか迷っていた。そこへ「武力をもってしても、絶対にイラクを許してはならない。いまこそアメリカが冷戦後の覇権を世界に示す絶好のチャンスだ」といってアメリカを駆り立てたのが、イギリスのサッチャー首相である。この「アメリカを動かす力」という一点でも、フランスやドイツは真似《まね》できない。

ドイツはロシアとの「相互理解」に向かう

そんなイギリスがEUから離脱すれば、ヨーロッパ全体の政治力、安全保障力、グローバルな外交力は大きく後退する。プーチンのロシアと対抗するには、アメリカとの同盟関係が必須だからだ。

トランプ政権のアメリカは、現在いわれているような米露接近へとは向かわず、結局、ロシアとの協調よりも、レーガン時代のような米英特殊同盟へと傾いてゆくはずである。

ここで注視すべきが、ドイツの動きである。ドイツが今後の安全保障を考えるにあたって、ロシアとの「相互理解」に向かう可能性は高い。ドイツの利害は経済をはじめ、多くは東ヨーロッパにある。あるいはバルカン半島や南ヨーロッパで、アメリカと関係の深い北西ヨーロッパは、すでに切り捨てはじめている。

ドイツのリーダー層のあいだでは、イギリスのEU離脱の報を聞いて、「シャーデンフロイデ（Schadenfreude）」という言葉が思い起こされるような雰囲気が広がった、という。シャーデンというのは恥ずかしいこと（英語の「shame」）、フロイデは喜び。すなわちドイツ人にとってイギリスのEU離脱は、他人の不幸（イギリスの、あるいはフランスなどの？）を喜ぶような「恥ずかしくも嬉しいこと」で、口が裂けても「表立って口にできない慶事」ということなのである。

だからドイツはイギリスの離脱交渉でも、けっして厳しい条件は出さないだろう。「出ていきたいなら、どうぞ、どうぞ」という態度を、必ずとる。

フランスがイギリスの離脱に反対するのは、フランスだけでドイツは抑えられず、また、離脱の動きがオランダやデンマークまで広がるのを恐れるからでもある。だがドイツにとっては、オランダやデンマークは反独の伝統が強く、本来ならEU内にとどめたい国ではない。

歴史を遡《さかのぼ》ると、一九九〇年の東西ドイツの統一にあたり、ドイツ人がいちばん悩んだのがNATOにとどまるかどうかだった。

「NATOにとどまるなら統一ドイツを認めよう」というのが、アメリカのブッシュ大統領

（父親）とイギリスのサッチャー首相が出した条件だった。一方、ドイツ人の本音は、NATOから離脱し、東ドイツもワルシャワ条約機構から離脱し、中立な立場で大ドイツをつくるというものであった。中立の立場で東西の架け橋になるのが、いつの時代もドイツ人の理想なのだ。

二〇一五年三月八日にEUのユンケル委員長は、独紙『ウェルト』で「（EU軍創設が）共通の安全保障・防衛政策を確立し、世界で（EUが）責任を果たす助けになる。加盟国や周辺国への脅威に対し、信頼感のある対応ができる」と述べたが、同日、ドイツのフォン・デア・ライエン国防相は「EU軍を持つことは私たちの未来だ」と強い支持を表明している（『毎日新聞』二〇一五年三月十日付）。さらに、イギリスのEU離脱決定を受けて二〇一六年九月二十七日にスロバキアの首都ブラチスラバで開かれたEU国防相会合では、ドイツとフランスがEUの防衛協力強化を共同提案している。

「ヨーロッパ統合軍」構想は、冷戦終焉以後、つねに生まれたり消えたりしている。出てくるたびにアメリカ、さらにアメリカの意を受けたイギリスがいつも反対し、その構想自体を繰り返し握りつぶしてきた。ブラチスラバでのEU国防相会合でも、イギリスのファロン国防相は、「非友好的な関係にあるロシアから欧州を防衛する役割は、EUではなく、NAT

Oにあるのだ」と述べて、EUが独自の軍隊をつくることに強く反対している（「ロイター」二〇一六年九月二十七日付）。かねてイギリスが主張してきた論理は、「ヨーロッパには十分に強力なNATOがある」「NATOと競合する軍事組織はつくるべきではない」「アメリカの入っていないヨーロッパ統合軍は米欧のあいだに亀裂を生じさせかねない」というものであった。

これまでは、イギリスがこういうとフランスも了解し、ドイツに諦めるよう進言する役回りを演じた。だが、今回のイギリスの離脱によって、新たな展開が生まれつつある。

英米の「血の同盟」から見た世界

イギリスのEU離脱で、最大の問題は、NATOに与える影響である。

すでに述べたようにNATOは、徹頭徹尾アメリカが中心の同盟体制である。しかも多国間同盟とはいえ、本質は米英二国間同盟を核とし、その周りに仏独など大陸諸国を引きつけてアメリカにつないでいるのである。この米英同盟は、一九三〇年代からずっと「血の同盟」とも呼ばれ、今後、前述のようにトランプ大統領の時代になると、いっそう緊密になるはずだ。

おまけに、両国のあいだではウォール街とシティという、政権を支える金融資本が昔から完全に一つになっている。第一次大戦以来、両国の金融界は非常に密接で、見方によっては同じ国のような状態になっているのである。

さらに両国は、インテリジェンスでも密接な協力関係にある。アメリカのCIAであれNSA（国家安全保障局）であれ、イギリスの協力なくして世界の管理はできない。中国、チベット、南シナ海、あるいは日米安保の枢要部分であるロシアや北朝鮮など、北東アジアをも睨んだアメリカのグローバルな監視機構は、暗号解読や電波傍受も含めてイギリスがあって初めて成り立っている。

朝鮮半島有事に備え、韓国への配備が決まったTHAAD（高高度ミサイル防衛体制）にしても、まさにイギリスの旧大英帝国時代の遺産、すなわち英連邦の絆によるところが大きい。彼らには「ファイブ・アイズ（五つの眼）同盟」という、アメリカ、イギリス、カナダ、オーストラリア、ニュージーランドという五つのアングロサクソン国による「血の紐帯」があり、極秘の情報を共有する不退転のシステムができ上がっている。この五カ国のあいだには公式に公表された条約はいっさいなく、あるのは「血」のつながりだけだが、にもかかわらずお互いに監視基地を相手国に自由に持つことができる。アメリカがオーストラリアに膨大な監視スポットを置けるのも、この「ファイブ・アイズ同盟」があるからである。

この形のない、文字に書かれない米英同盟あるいはファイブ・アイズ同盟の強固さは、第二次大戦のチャーチルとルーズベルト以来、少しも変わっていない。アメリカの元ＣＩＡ職員エドワード・スノーデンが暴露した秘密文書「スノーデンファイル」などを見ると、ロシア、中国、イスラム過激派、インド、ブラジル、エジプト、サウジアラビア、トルコなどは、アメリカから「要注意潜在敵国」として扱われている。これに対し日本、フランス、ドイツなどは一応「同盟国」扱いだが、たとえ同盟国でも、日本などに対しては「見せてはならない」というカテゴリーの情報が多岐にわたって設定されている。つまり日米同盟といえども、米英同盟の強固さに比べたらアメリカにとっては〝二流の同盟〟で、日本はアメリカから見れば同盟国という名の「お客様」、つまり「外様《とざま》」なのである。

そう考えれば、ＥＵが徹頭徹尾アメリカの覇権を支えるためのものであったことは見えすぎるほどに一目瞭然となる。実際、運営や人事、取り決めなどを微細に見れば、イギリス加盟後のＥＣやＥＵも、結局のところＮＡＴＯの「付属品」としての、つまりアメリカのための国際組織であったことは間違いない。

「NATOの東方拡大」という裏切り

冷戦が終わって、東ヨーロッパ諸国もどんどんEUに加盟していくが、じつは常識ある人から見て、こんなおかしな話はなかったのである。経済レベルも文化・伝統も法律観念もまったく違う国々、十九世紀までオスマントルコに何百年も支配されていたブルガリアやルーマニアなどまで加盟させたら、問題が起こらないはずがない。それがわかっていながら加盟させたのはアメリカの対露戦略で、NATOを拡大することでロシアの影響力がヨーロッパに及ばないようにしようとしたのである。

だが本来、ドイツ統一は「NATOを東方に拡大しない」という約束のもと、ゴルバチョフのソ連が認めたものである。ヤルタ会談以来、将来のドイツ統一にはソ連にも拒否権があった。だからもし、あのとき、ゴルバチョフが拒めば、ドイツは統一できなかったのである。

ソ連にドイツ統一を認めさせる代わりに、ブッシュ大統領（父親）がゴルバチョフに約束したのが、「NATOを東ヨーロッパにまで拡大させない」というものだった。これについてソ連は何度も確認し、ブッシュははっきりと約束している。

ところがソ連崩壊など一連のドサクサに紛れて、ポーランド、チェコ、ハンガリーなど、さらにはバルト三国までをアメリカはＮＡＴＯに加盟させて、約束を破った。また、これら諸国のＥＵへの加盟は、さらにＮＡＴＯの強化につながると考えられ、実行された。

ＥＵとＮＡＴＯはほぼワンセットで、どちらもパックス・アメリカーナを支えるためのヨーロッパ政策の支柱である。そうしたなか、二十一世紀に入り、アメリカはウクライナまで西側に取り込み、ＮＡＴＯにまで加盟させようとしたのであった。

ウクライナ紛争が起きた最大の理由は、豊かさを求めたウクライナ国民がＥＵへの加盟を望んだことにある。何としてもウクライナへのＮＡＴＯ拡大を阻みたいロシアとしては、これを認めるわけにはいかなかった。

さらにいえば、プーチンを支持するロシアで排外的な反西側の世論が強まっているのは、この「アメリカの嘘」にロシア人が強い不信感を持つようになったことが大きな原因となっている。これもまた、いまのヨーロッパの大きな不安定要因である。

ヨーロッパが再び「動乱の巷」と化す日

では、イギリスのＥＵ離脱によって、どれくらいＮＡＴＯが揺らぐことになるか。

通常であればイギリスがEUを離脱しても、イギリスはNATOにはしっかりとどまるから、NATO自体が急速に揺らぐことはない。ただしドイツについては、ドイツ人が「ドイツの拘束服」としてのNATOに今後、どう反応するか不明である。現在、ドイツ国民の意志が、徐々にロシアとの接近に傾いていることは間違いない。

同時に、トランプのアメリカがロシアに近づこうとすれば、その前に東ヨーロッパ諸国もロシアに傾く可能性が高い。東ヨーロッパ各国にとって、アメリカとイギリスは一つの「救い主」である。ヒトラーとスターリンが手を組んで双方向からポーランドに攻め込んできたとき、イギリスとフランスがポーランドを助けるべく参戦した。そこから起きたのが第二次世界大戦である。ポーランドの農民や貴族は、ロシアやドイツに反乱を起こすときは必ずフランスやイギリスに亡命する。それほど西側に対する信頼がある。

だが、イギリスがEUから離脱する以上、東ヨーロッパの国々は「ロシアは恐いが、近づいておくしかない」と考えざるをえなくなる状況に追い込まれている。豊かな経済大国であるドイツから、投資や支援という「おいしい汁は吸いたい」が、政治的にドイツに支配される存在にはなりたくない。ロシアとのあいだにバランスを取るしかない。そこをプーチンのロシアはうまく見てとるだろう。イギリスのEU離脱後の東ヨーロッパのそういう「せつない立場」を、アメリカがどれほど肌身で感じ、どれほど親身に関わっていけるかが、今後の行く末を左右する。

言い換えると、いまのようなトランプ外交の方向性がもし実行されたら、ヨーロッパは再び、歴史上たびたび経験してきた「動乱の巷《ちまた》」と化すだろう。

東ヨーロッパの動向については、もう一つ大きく懸念されることがある。イギリスのEU離脱の趨勢《すうせい》が明らかになった翌月、七月八日にポーランドの首都ワルシャワでNATO首脳会議が開かれた。この席でNATOのストルテンベルグ事務総長が、ロシアと国境を接するバルト三国（リトアニア・ラトビア・エストニア）とポーランドに四〇〇〇人規模のNATO軍兵力を新たに配備する、と発表したのである。

それまで東欧のNATO加盟国では、二〇一四年のロシアのクリミア侵攻以来、アメリカ軍を中心に数百人規模のNATO軍がローテーションを組んで巡回監視を行なっていた。しかし今回、四〇〇〇人という桁違いの数の配備が発表されたことは、従来の体制では覚束《おぼつか》ないほどのロシアからの脅威が生じている、とNATOが考えているということだ。

背景にあるのは、水面下で始まった「東欧諸国の対ロシア傾斜」である。たしかにロシアのクリミア侵攻以来、ポーランドやバルト三国などはロシアへの反発を強め、声高に「ロシアからの脅威に対処する必要」を訴えている。しかし、テロの広がりと中東の混乱、さらにはイギリスのEU離脱によって、ヨーロッパ主要国の弱体化を見てとった非力な東欧諸国のなかには、〝保険〟の意味もあって、恐ろしくはあるが、他方で同じスラブ民族の血を引くロシアに密かに接近する動きがある。

この「スラブの血盟」に対して、トランプのアメリカはどう対応するか。これ以上、アメリカへの信頼感の低下が進めば、きわめて難しいだろう。そもそも、ヨーロッパでは酷評されているトランプが、はたしてNATOでの求心力を回復させられるのか。

そしてイギリスが問われるのは、EU離脱でNATOすなわちアメリカとの距離を縮めようとする「アングロサクソンの血盟」路線が、いわば本能的にロシアへの警戒を強め、トランプを徐々に反ロシアに変えてゆくことができるかどうかであろう。

現在のNATO（実態としてはアメリカ）の最大の懸念は、プーチンのロシアによる周辺諸国への膨張政策である。今回のNATOの兵力増強は、突き詰めればロシアの動きに対する警戒だということは間違いない。

だが、いくらNATOがロシアを警戒するといっても、バルト三国などロシアと国境を挟んだすぐ向こう側にアメリカ軍（いちおう米軍自体の常駐先はポーランド、ということにはなっているが――もちろんポーランドも、カリーニングラードというロシアの飛び地領土と直接、国境を接している）が駐屯するなどという状況をロシアが長期的に認めるとは考えがたい。プーチンは必ず「ＮＡＴＯつぶし」に出てくるはずだ。

もし、この「ＮＡＴＯ軍四〇〇〇の東欧常駐」が本当に実現したとしたら、これは空軍機のニアミスどころではなく、理論上、ロシアとのあいだで、核戦争の危機をも視野に入れた一触即発の大危機をはらむことになる。ということはつまり、このＮＡＴＯ部隊の「撤退」ということにならないかぎり、たとえトランプ政権が対露接近外交に努めても、やがて挫折し反転するはずだから、現在の米露間の新冷戦構造はけっして解消することはない、ということだ。

これは二十一世紀の国際秩序という点から見ても、いま世界ではきわめて大きな地殻変動が起きている、ということである。今後、トランプのアメリカが何をしようと、もはや、こうした大きな趨勢は変わることはあるまい。

ＥＵの立ち枯れと形骸化

先述のように、ＥＵ諸国の綻びは、ロシアにとって大いに歓迎すべき出来事である。イギリスのＥＵ離脱が国民投票で決定した直後から、プーチン大統領とラブロフ外相、大統領側近であるナルイシキン下院議長はもちろん、ロシアの国際政治学者に至るまで、自国にとって好都合なイギリスのＥＵ離脱劇に「沈黙は金」とばかり、みな、貝のように口を閉ざした。これは間違いなく、ロシアのリーダーにとって「天にも昇る」ほど嬉しいニュースだったはずだが、それゆえにこそ彼らがこぼれ落ちる笑みを強く噛み殺して沈黙を守っているのも、「多極化時代の国際政治の風景」としては当然のことだろう。

では、ＥＵ自体が今後、どのような動きを見せるか。もちろん、世界経済の動向も大きく関係してくるだろう。いくつかのＥＵ内の国では、イギリスの離脱に続こうとする動きが強くなることはほぼ間違いない。しかしそれ以上に、短期的にどの国がＥＵを離脱しようとしまいと、長期的に見ればＥＵという枠組みは立ち枯れになり、あってもなくてもいい存在になることは確実である。

ただし関税同盟としてのＥＵということであれば、形骸だけは残る可能性は高い。陸上国境を持っている国にとって、シェンゲン協定など、一度ＥＵの便利さを知れば、もとに戻すのは実務上、あまりに非合理的である。ＥＵは、もはや日常生活上の道具みたいなもので、電気や水道などと同様、なくなると困る。

ときに無視されたり、ルール違反する国が出るだろうが、道具としてのＥＵは今後も存続し続けるだろう。一方、存続により各国の財政に負担がかかることも確かで、ＥＵ予算を切り詰めたり、「ブリュッセルの官僚機構をつぶす」といった話が、何かあれば、今後もしばしば出てくる可能性はある。

数十年のうちには、やはり何度も「もう一度、欧州を統一しよう」といった動きが出るかもしれないが、見通せる将来において、二〇一五年までの、ブレグジッド（イギリスのＥＵ離脱）が現実となる前の、ＥＵが持っていた統合性の強さを回復することはないだろう。

第五章

「地獄のオセロゲーム」化するアジア

中露は相互の「核心的利益」を死守すべく結束した

大きく流動しているのは、もちろんヨーロッパばかりではない。ヨーロッパの秩序変動ともリンクするかたちで、アジアの情勢は大きく転換している。一気に形勢が変わる姿は、まるで「オセロゲーム」のようでもある。そして日本を取り巻く情勢は——あたかも一気に白が黒に変わっていくかのごとくに——悪化の一途をたどっているといってよい。

近年、中国は戦後体制に挑戦するかのように、パックス・アメリカーナの支柱になるものを「平和的な装い」で次々と新しいものに変えようとしている。この傾向は、かつてのソ連の進出より恐ろしい。

その象徴がまさに〝中露同盟〟ともいうべき親密な中露接近である。

二〇一六年六月、イギリスのEU離脱をめぐる喧噪の裏で、じつはもっと日本にとって切実な意味があるにもかかわらず、われわれ日本人がまったくといってよいほど注意を怠っていた重大な出来事が起こっていた。それは、この六~七月を境に「中露同盟」と評してもよいほどの、かつてない緊密な中国とロシアの接近が現実のものとなりはじめたことである。

実際、それは「中ソ一枚岩」とされたスターリン＝毛沢東の時代以来、一度としてなかった

北京で握手を交わす習近平とプーチン(2016年6月、SPUTNIK/時事通信フォト)

ほどの中露(ソ)両国の「同盟」の動きである。

従来、日本では「中国とロシアは多くの点で利害が衝突しており、じつは互いに疑心暗鬼になっており、強固な協力関係にはとうていならない」といわれてきた。しかし、クリミアや南シナ海でアメリカと激しい対立関係に入ってきたプーチンのロシアと習近平の中国は、「対米対抗」という強烈な執念と強固な利害の一致をいっそう強く意識するようになっていた。それを象徴するのが二〇一六年六月、二度にわたって開催された「中露首脳会談」なのである。

一度目の中露首脳会談は六月二十三日――まさにイギリス国民投票の当日、中央アジアのタシケントで開かれた上海協力機構（ＳＣＯ）の十五周年記念会合の場で開催された。そして同月二十五日に北京に場を移した中露首脳は再び会談後、共同声明を発表したのであった。

この北京での中露首脳会談後の「共同声明」は、これから国際秩序が一変することを予感させるような、きわめて劇的な意味を持つものであった。ここで中露両国は、互いの「核心的利益」を相互に支持することで合意したのである。プーチン大統領はさらに記者会見で、「それを理解するものとする」という言葉まで付け加えている。

ロシアの「核心的利益」とは、クリミア併合、ウクライナ問題、ロシアの一体性である。そして中国の「核心的利益」とは、台湾、チベット、新疆ウイグル自治区、南シナ海、尖閣諸島の領土保全、国家主権、そして共産党体制の維持である。

共同声明が示すのは、この「核心的利益」について現状を覆《くつがえ》すような動きを西側がとれば、中露両国は「同盟」といえるほどの結束を見せ、一〇〇パーセント双方の核心的利益を支持するというものである。

これがわれわれにとって脅威なのは、やはり南シナ海、そして東シナ海の問題についてであろう。アメリカは中国が南シナ海につくった人工島の領海内に入る「航行の自由作戦」を展開し、中国の主張を有名無実化しようとした。だが、その実態はかなり腰が引けており、アメリカ海軍の駆逐艦ラッセンが初めて人工島の領海を通過したのが二〇一五年十月二十七日、二回目は二〇一六年一月三十日、三回目は同年五月十日、四回目は同年十月二十一日で、一年間で四回しかない。米空軍の哨戒活動を入れても三回で、当初いわれていた「三カ月に二回」というペースからは、かけ離れている。

そんなアメリカの弱腰を見て、一気に攻勢に出てきたのが「中露共同声明」だともいえる。南シナ海の人工島の埋め立てを「核心的利益」と中国は言い続けている。さらに二〇一三年以降、尖閣諸島の領土主権も「核心的利益」だと正式に表明している。もし日米でこれを侵す行動を取れば、今後は中露が共同戦線を張って出てくることを覚悟しなくてはならない、ということである。

プーチンと習近平が、わずか三日間のうちに、タシケントと北京という違う場所で首脳会談を二度も行なうという異例の行動に出たことも、両首脳の意図を非常に象徴的に示している。この国際外交の常識では考えられない密度は、否が応でも中露の親密ぶりを見せつけようとするものであった。

日米を引き離し、アメリカをアジアから追い出す

そして、この「同盟成立」を背景にして中国はいっそう強硬な姿勢に出てきた。二〇一六年七月十二日、オランダ・ハーグの常設仲裁裁判所で、中国の主張する南シナ海の境界線「九段線」に国際法上の根拠がない、との判決が下された。しかし多くの日本人が胸を撫《な》で下ろしたこの判決を、中国政府は「紙屑《かみくず》」と断じたのである。

今後も、国際社会がいかに海洋問題で「法の支配」を唱えようと、中国はそれらの批判を無視し、自らの主張する「九段線」をもとに南シナ海などでの軍事拠点の拡張行動に邁進するだろう。なぜなら、繰り返すが南シナ海と東シナ海は中国の「死活的国益」だからだ。アメリカなどの圧力に屈して、中国が南シナ海で譲歩したことが明らかな事態になれば、少なくともそのとき習近平主席は国内での求心力を大きく失い、権力闘争を惹起しておそらく習政権は崩壊するだろう。この事態を避け、今後南シナ海でアメリカに対し強硬に対抗するうえで、このロシアとの「同盟」はなくてはならなかったのである。

一方のロシア側から考えたとき、ロシアが日本ないし日米と中国を両天秤にかける可能は、理論的にはありえた。だが、イギリスのEU離脱やヨーロッパの弱体化という動きのな

かで、いまやロシアの態度は、はっきり固まったように見える。二〇一四年三月のクリミア併合以降、ロシアは欧米から制裁を受けてきたが、イギリスがEU離脱という選択を下したことによって、今後必ず弱体化するであろうヨーロッパに対しロシアは確かな安心感を持てるようになった。いうなればロシアの望みどおりの結果である。

イギリスの離脱が決まった二日後に出された中露首脳共同声明が劇的なのは、「ヨーロッパはこれで料理できた。あとは具体策をとってG7の対露制裁を分断しよう」というプーチンの思いが透けて見えるからである。プーチン大統領にとっては肩の荷が半分下りたも同然で、これで東を片づけることに専念できる、というわけだ。

ヨーロッパ問題に専心する必要があったロシアは、中国については「その後」ぐらいに考えていた。中国が盛んに「一緒にアメリカと対抗しよう」と働きかけても、プーチン大統領はワンクッション置いていた。ところが、うまい具合にヨーロッパが片づいたことで、ロシアも中国のほうを向くようになった。

これまでプーチン大統領が、アジア太平洋方面に対しては微温的な態度をとってきたのも、おそらくヨーロッパで事を構えるため、「アジアを手なずけよう」としたのだろう。安倍首相とも何度も会い、北方領土についても他のロシアの要人と違い、思わせぶりなセリフを盛んに述べた。

プーチン大統領にとってアジア戦略の要は、アジアからアメリカを追い出すことである。ロシアが中国に接近し、日本を翻弄する意図は、ひとえに「アメリカに対抗するため」である。アメリカの覇権に対抗しなければ、ロシアの生きる道はないというのが、彼らの積年の思いである。ソ連崩壊後、ロシア人が大変な辛酸をなめたのはアメリカのせいであり、さらにいえば「ソ連の崩壊もアメリカのせいだ」と考えているプーチン政権の幹部は多い。グルジアやウクライナにロシアがいま行なっていることを、かつて自分たちはアメリカからやられた。同じことを二度と繰り返してはならない、というわけだ。

アメリカの覇権に対抗するためなら、どれだけ経済状況が悪くなろうと、ロシア人は一丸となってプーチン大統領を支持する。どれだけ経済的に制裁されようと、彼らは揺るがない。プーチン支持率が上がるだけである。それほどアメリカに対する反感が、いまのロシア人のなかには染み込んでいる。

逆にいえば、ロシア人にそこまで思わせてしまったのは、アメリカ外交の大失敗であった。歴史上、類のないほどの大失敗であるが、しかも同時に、おそらく中国やイスラム、さらにはドイツ人やフランス人も、たとえ口には出さずとも、心の裏では強い反米感情を抱いている。それだけの外交的誤謬を、冷戦終焉後のアメリカ外交は続けてきてしまった。

それゆえロシアは、今後も中国とのあいだに少々問題が起きようとも、「アメリカの覇権」に挑むため、中国との連携はしっかりと保持し続けることであろう。二〇一六年を境に、もはや中露は〝同盟国〟ないし、それに近い存在として考えなければならない。

ロシアも中国も、アジアからアメリカを追い出すという戦略は共通である。だからこそ、タイミングを計って安倍政権が飛びつきそうな話を持ちかけてくる。

ロシアの目から見ると、日本は政治的に「不安定な国」であり、国内の世論や政策決定にも盛んに工作の手を突っ込める「スパイ天国」でもある。第二章での議論のとおり、目の前に「北方領土」などのおいしい餌をぶら下げられたら、日本の世論も政治もすぐに動揺をきたす。政治家の国家に対する忠誠や信頼度に他の国にはない種類の疑問符が付く日本にとって、最も恐るべき外からの脅威は、こうした「微笑外交」的な側面にこそあるのである。

逆に、中国とロシアの連携関係は「アメリカの覇権への挑戦」という大戦略を共有しているため、場合によると日米関係よりも強固で、少々のことでは引き離せない。もちろん日本の外交技術では、両国を離間させるなどとうてい無理である。さらに日本は、トランプ政権のアメリカが、いかなる戦略をとるのかについての不安を抱きながら、身の処し方を考えざるをえない。

このように圧倒的に不利な状況下、〝中露同盟〟の「戦略的ターゲット」の焦点が日本になっていることは、もはや明白なこととして考える必要がある。

THAADミサイル配備をめぐって

二〇一六年六月二十四日のタシケント宣言のなかには、このような中露の動きを見定めるうえで重要なことがいくつも盛り込まれていた。

まず注目すべきは、「個別の国または一群の国が他国の利益を考慮せず一方的かつ無制限にミサイル防衛システムを強化するのは地域の安定を脅かす」と明記されたことである。ここにあるミサイル防衛システムとは、アメリカが韓国への配備を進めるTHAAD（高高度ミサイル防衛体制）を指す。翌六月二十五日の北京での中露共同声明でも、この問題について触れられている。そこでは、「北朝鮮の核・弾道ミサイルプログラムを口実にアメリカの弾道ミサイル防衛体系の太平洋拠点が北東アジア地域に新しく配備されることに反対する」とアメリカを名指しで、かつ強烈に批判している。

見逃してはならないのは、この中露共同声明に書かれた「北朝鮮の核開発とミサイル開発を口実に」という言葉であろう。これは北朝鮮の核問題に対し、中露が実質、野放しにするしかないと考えていることを意味する。北朝鮮の核やミサイル開発を阻止しようとするアメリカや韓国、それらを後ろで支えている日本の動きに、中露が一体となって強い反対姿勢を示しているのである。

折しも六月二十三日は、イギリスでEU離脱の是非を問う国民投票が行なわれた日であったが、もちろん韓国の『中央日報』はミサイル防衛システムに対する中露の反対についていち早く、イギリスの離脱問題よりも大きく報じた。ところが日本では中露首脳会談すら小さく報道し、タシケント宣言に至っては中国外交やロシア外交の専門家以外、ほとんど注目されなかった。これは恐ろしいことである。本来、日本にとってこの問題は、イギリスのEU離脱よりはるかに重大な問題なのだから。

発射されたTHAADミサイル

このような中露の動きに対し、アメリカと韓国は、七月八日にTHAADを配備することで合意したとの共同声明を発表した。これにより、この問題をめぐって中露と米韓は、真っ向から対立する構図となった。

韓国に配備されるTHAADミサイルは、北朝鮮の核開発や弾道ミサイルを監視するためのものである。また、中国がアメリカ本土や日本列島にミサイルを発射した際、これを有効に撃ち落とす役割も果たす。

すでに日本にも、青森県つがる市と京都府京丹後市にシステムの一部としてXバンドレーダーが配備されている。このレーダーは一〇〇〇キロ先まで見通すことができるといわれるほど高性能であり、韓国に配備すれば中国のモンゴル国境あたりまで全部丸見えになる。中国国内のミサイルの発射能力はもちろん、一説には中国の海・陸・空軍それぞれの基地にあるサッカーボール大のものまで探知できるという。そこまで丸裸にされてしまうわけだから、THAADの配備を阻むことは中露共通の利益である。しかも両国とも、「アメリカに対抗する」という国是を胸のうちに秘めており、これを認めるわけには絶対にいかない。

THAADミサイル配備は、たんなる軍事システムの問題ではなく、今後何十年の北東アジアにおける国際政治の方向を決める意味を持つ。日本から見るならば、これによって北東アジアの安定は大いに高まる。この地域の安保の再建という意味でも、日米同盟の大きな支柱としても、重大な意味がある。THAADミサイル配備は、沖縄の基地問題さらには尖閣問題と並ぶ、北東アジア地域の戦略的・軍事的安定の要なのである。

北朝鮮は二〇一六年九月五日に弾道ミサイル三発を発射し、九月九日に五回目となる核実験を強行してみせたが、それも、いま見てきた中露、米韓それぞれの思惑に応えてのものであったことはいうまでもない。この北朝鮮によるミサイル発射と核実験は、単発的な動きではありえない。間違いなく、東アジアをめぐる、この中露と米韓の大きな動きのなかで捉えるべきものなのである。

また、二〇一六年十月には韓国で朴槿恵政権を揺るがす不可解な疑惑騒動が持ち上がり、激しい抗議運動が吹き荒れ、遂に同年十一月末に朴大統領が退陣を表明するに至ったが、当然この背後にも、いま述べてきた「大きな動き」が蠢《うごめ》いている可能性も考えられよう。

インドが上海協力機構に正式加盟した意味

もう一つ日本にとっていっそう気がかりなのは、こうした中露の巧妙な外交に引き摺《ず》られるかたちで、アジアの各国が対中傾斜を強めている点である。その意味で前述の上海協力機構の会合が行なわれた場所が、「ユーラシアの交差点」つまりアジアのほぼ中央に位置するウズベキスタンのタシケントだったことは、たいへん示唆に富んでいる。

この会合で、新たにインドとパキスタンが上海協力機構に正式加盟する見通しとなった。小国パキスタンが中国に従わざるをえないのはわかるとしても、なぜ大国インドがロシアだけでなく、中国とも緊密に手を組むような陣営入りにあえて踏み切ったのか。

たしかに日本同様、インドは現在、北部の国境を挟んで、あるいはインド洋の周辺海域で中国の脅威をひしひしと感じている国である。

近年、日本では何かにつけ「日米豪印」と並べて、中国の海洋進出を抑止する有力なパートナー国家としてインドを位置づけ、頼りにする風潮が広がっていた。「なのになぜ」というのが、このニュースを聞いたときの日本人の率直な受け止め方だったと思う。

だがいうまでもなく、インドには自国の経済発展という最優先の課題がある。加えて、インドという国の底流にあるのは、ある種の精神主義である。彼らにとってアメリカは物質主義の国にすぎず、経済・外交では「アメリカを利用し尽くせばよい。ただそれだけのこと」で、内心、軽蔑の対象として一段低く見ている。そのアメリカに従属する日本の主体性のなさを、じつは冷めた目で見ていることに、われわれは気づかなければならない。

もちろん、インドやバングラデシュの人びとが総じて親日的であることは間違いない。インド（ひいてはバングラデシュ）がイギリスから独立できたのも、あのチャンドラ・ボースが率いたインド国民軍（日本軍によるマレー・シンガポール攻略戦の折のインド兵捕虜などを中心に結成され、その後、日本軍と行動を共にしたインド人の軍隊。最盛期には四万五〇〇〇人もの兵力を誇った）が日本軍とともに戦ったことが大きかった。インドやバングラデシュでは、チャンドラ・ボースはいまだにとても尊敬されており、「日本人がいたから独立できた」という感謝の思いも根強く残っている。いまの日本は経済援助をしてくれるだけの国でしかないが、いずれまた日本が「魂を取り戻す」日を待っている。それが彼らの長い歴史感覚で見たときの日本の姿なのである。

そんな現在の日本が、唐突に日本を中心とする日米豪印構想を持ち出しても、残念ながら彼らには机上の空論にしか見えない。「日本はそんなことができる国ではない」と見抜いており、好意は持っているが、戦略分野ではまったく信頼していない。

二〇一六年六月、インド海軍は海上自衛隊およびアメリカ海軍とともに、沖縄の東方で海上共同訓練「マラバール」を行ない、日本からは海自の護衛艦「ふゆづき」と約二〇〇名の隊員が参加した。一方で日米との共同訓練に軍艦を派遣しつつ、他方でまったく同じ時期にインドは中露主導の「反米陣営」に嬉々として正式メンバーにしてくれ、と申請していたのである。これが国際政治なのである。訝《いぶか》る日本人のほうがどうかしている。多くのインド人はきっとそういうはずだ。

日中を「秤にかける」アジア諸国

インドだけではない。東南アジア、そしてG7に集う先進国のなかにさえ、日中のあいだでの「バランス外交」を旨としている国は多い。当然そこには、世界経済が停滞を続けるなかで、不況に喘《あえ》ぐ世界の国々が「中国離れ」できないという事情がある。いまの中国が今後、数年にわたる経済の崩壊過程にあるのは確実だとしても、現在はまだ大きな市場としての存在を無視できないのが各国の見方である。二〇一六年五月の伊勢志摩サミットの共同声明で、国際法を無視した南シナ海進出を続ける中国を、G7各国が日本が望んだようには名指しで非難しようとしなかったのも、背景に増大するG7各国の経済的な中国依存の現状があったことは間違いない。

アメリカの中国を見る「複雑な視線」についてよく知り、かつアジアの大国として主体性を発揮できない日本の姿と中国ビジネスを秤《はかり》にかけ、日中を「お手玉外交」の道具として少しでも国益に生かそうとしたり、上海協力機構を選択する国が現われ出ることは、各国にも国益優先の使命がある以上、残念ながら当然のことだといわざるをえないのである。

ＡＳＥＡＮ（東南アジア諸国連合）各国のここ一、二年の動向を見ると、この流れはいっそう明らかになる。フィリピンでは二〇一六年六月三十日、前ダバオ市長のロドリゴ・ドゥテルテが大統領に就任した。これまでの一連の過激な発言から「フィリピンのトランプ」と称されるドゥテルテ新大統領は、当選直後から南シナ海問題をめぐって次のように述べていた。「中国と直接対話する。（南シナ海をめぐる多国間の）協議が膠着状態に陥り、推進するための勢いが失われた場合、私は中国との二国間対話に乗り出すだろう」（『Manila Bulletin』六月十六日付）。すなわち国際法に基づくハーグ裁定が出る前から、中国との二国間での話し合いを重視する姿勢を繰り返し語っていたのである。

ドゥテルテ大統領は二〇一六年十月十八日から中国を訪問して習近平国家主席、李克強首相、張徳江全人代常務委員らと会談。南シナ海における領有権問題を脇に置いて両国の信頼と友好の強化で合意し、十月二十日に北京で開かれたビジネスフォーラムでの演説では「軍事的にも経済的にもアメリカと決別する」とまで発言して、中国から民間の投資も含めると一三五億ドル（一兆四〇〇〇億円）に上る経済支援を取りつけた。

その一方でドゥテルテ大統領は、続いて十月二十五日に日本を訪問すると、共同声明で

「両国の種々の友好関係及び同盟関係のネットワークが、地域の平和、安定及び海洋安全保障を促進することに期待を寄せる」旨を表明してみせた。さらに「南シナ海問題については仲裁判断が出されたので、それに基づき、いずれかの時点で国連海洋法条約を含む法の支配の原則に従って話をする。フィリピンはいつも日本と同じ立場に立っているので安心してほしい。海洋問題においては、航行の自由の確保が必要である」と述べて、日本からも大型巡視船二隻の供与や、円借款の実施などを取りつけている。

日本で開かれた講演でも、ドゥテルテ大統領は「フィリピンにいる米軍は二年以内にいなくなってほしい」などと述べたものの、いま見たように、公式の共同声明では「両国の同盟関係のネットワークが地域の安全保障を促進」と謳うなど、結局のところ、日本と中国それぞれにいい顔をして、「おいしいところ取り」をしている。つまり、「どちらに転ぶかはわからない」ということである。

他方、シンガポールのリー・シェンロン首相は、二〇一五年五月のアジア安全保障会議（シャングリラ・ダイアローグ）の基調講演において、南シナ海のスプラトリー（南沙）諸島沖で人工島を建設する中国をめぐり「米国は中国の行動に反応し、係争地域の近くで航空機や艦船の航行を増やしている」と語り、フィリピンと同じく二国間の当事者同士の話し合いを訴えた。

周知のとおり、このシェンロン首相は「シンガポール建国の父」リー・クアンユーの息子である。かつて「われわれは、ＡＳＥＡＮ諸国がどう力を合わせても、中国との軍事衝突には耐えられないという現実を受け入れなければならない。米国のような外部の力が存在しないかぎり、この地域の均衡は保たれないのである」（一九九六年）と語り、「中国の脅威」の増大と米中の均衡を図ることの大切さを予言して世を去ったリー・クアンユーの「遺言」を息子のシェンロンは、はたして十分に意識しているのか。シンガポールという国が国際社会において占める位置とその首相の発言の重さに鑑みて、これは若干の不安なしとはしないのである。

ベトナムでは二〇一六年一月、南シナ海で中国に強硬な姿勢を取ってアメリカや日本との関係強化を推進してきたグエン・タン・ズン首相が退任させられ、「親中派」とされるグエン・フー・チョン書記長の留任が決まった。習近平国家主席は早速、祝電を送り、中国はベトナムと「運命共同体」である、として中国とベトナムの結びつきを強調した。

タイも事情は同様である。二〇一四年の軍部クーデターによって成立した軍事政権の誕生以来、西側の民主主義国家と距離を置きはじめている状況を見逃さず、中国はタイとの結びつきを強めてきた。中国とタイのあいだでのビザ発給要件を緩和し、農産物輸出の拡大や国内の鉄道建設を発注するなど、いまタイはかつてないほど親中路線を強めている。これまで親日国の代表格であり、アメリカをはじめとする西側世界の「準同盟国」とされてきたタイがなぜ、と思わずにはいられない。

ミャンマーが限定付きながら、せっかく民主化して中国離れを始めたばかりだというのに、今度はタイが軍事政権と化して中国へ吸い寄せられており、ラオス、カンボジアは以前から明白に中国をパトロン視して〝忠勤〟に励んでいる。

雁行的発展モデルは「鷲」の登場で四散する

日本の高度経済成長時代、「雁行《がんこう》的経済発展論」がしきりに経済学者によって唱えられた。雁が先頭に飛ぶ鳥に続いていくように途上国が先進国の後を追って段階的に発展するモデルのことである。ところがその雁の群れに一羽、鷲《わし》が突っ込んできたらどうなるか。雁の群れは四散してしまう。そもそもASEANという国家連合自体が、一九六〇年代の冷戦の高潮期に、反共政策の一環としてアメリカがつくりあげたものにほかならない。当時、中国の共産ゲリラが東南アジア各国に入り込み、各地で共産革命を起こそうとしていた。こうした国内への浸透による工作活動は中国にとってお手のものである。

かつて東南アジアの反共軍事戦略として、SEATO（東南アジア条約機構）という同盟が存在した。中国はSEATOを無力化するために、東南アジアに工作員を送り込み、内部から世論を変えて国内を突き崩す戦略を取った。結果、各地で日本の安保闘争をさらに過激にしたようなデモや騒乱が続発し、東南アジア各国の国内政治は不安定化の一途をたどる。SEATOは当初の目的を果たすことができず、パキスタンなど脱退国が続き、一九七七年に解散する運命をたどった。

日本に強いシンパシーを感じ、わが国の後を追って高度経済成長を遂げようとしていたはずのASEAN諸国のビジョンは、いまや経済大国化した「中国という鷲」によって攪乱《かくらん》、浸透され、この数十年強化してきたはずの結束の基盤も雲散霧消しはじめた。少しマクロ的に見ると、この不安定化したASEANのあり方は、あたかも賽《さい》の河原《かわら》の石積みのようである。日本が戦後、東南アジアの平和と発展に貢献しようと営々として石をいくら積み上げても、地獄の「鬼」がやって来て、小石の山を壊してしまうかのようだ。

中国の対外工作により、戦後日本の外交努力が突き崩されていき、日本が長年を費やして育ててきた多くの「親日国」が瞬時にして「親中国」になっていく様は、残念であるとともにに、まず何よりも、さながら目まぐるしいオセロゲームのようだ。こちらの陣営だったはずの「白」があっという間に「黒」へと反転してしまう。

南シナ海問題などで東南アジア各国とともに対中包囲網を築いていると思っていたのが、いつしか形勢が逆転し、気がつくとわれわれの側――日米あるいは日米豪か――が逆に包囲網を敷かれている、というような構図にもなりうるのである。

しかし、こうしたことは「多極化の時代」においてはごく自然なことなのである。タイの例に見るように、中国は日本の油断を突いて日本の伝統的な友邦国、準同盟国との関係を分断してくる。しかしこれは中国外交の常套手段でもある。中国はあくまでも多極化時代の原則に忠実に戦術を遂行している、ということだ。

日中に「両張り」するアメリカ

これらの構図をしっかりと念頭に置かなければ、日本の対中抑止戦略の防波堤づくりは機能せず、コストをかけてそれを構築しても絶え間ない決壊を続けることになるのである。

日本が頼みとする同盟国アメリカでも、周知のように米軍基地負担の増額を求めるトランプの発言によって、日米同盟の堅牢性、信頼性にクエスチョンマークが付きはじめているともいわれる。日米関係においてさえ、こうしたことが頻繁に起こってくるのが多極化時代の大変なところなのだ。日本にとっての不安は大統領の問題だけではない。最も気になるのは、アメリカの金融業界の動向である。二十一世紀のグローバル世界において、政治・外交と経済、とりわけ金融は完全に一体化している。さらにいえば、政治家や外交官はもちろんのこと、先進国の経済人やメディア関係者にとって、いまや国際金融の知識と情報は国際政治を知るうえで不可欠の教養である、ともいえる。

日本のジャーナリズムや外交評論ではしばしばペンタゴンや国務省の関係者の発言が話題に上るが、それはあくまで官僚から発信された文字どおり括弧付きの「情報ソース」にすぎず、アメリカの政策決定においてはアメリカの官僚の発言など、日本のように一定の影響力を持つとはかぎらない。アメリカの政治、外交動向を知るためには、広くこの国の経済界や金融界、世論とメディアを含めたアメリカの全体像を辛抱強く捉える作業を続けなければならないのである。

民主・共和両党の伝統的な親日派議員やお馴染みの日本専門家たちが「日米同盟は普遍的価値で結ばれており、これまで同様、緊密だ」「人権に敏感なアメリカは拉致問題でつねに日本の味方」と語るのも、日本人へのある種のリップサービスであり、日本を〝お客さん〟

扱いしているにすぎない場合も多い。もちろん、彼らにとって日本は大切な国なのだが、今後にわたって、アメリカの国策として日本を優先する保証はどこにもない。

そしてワシントンからドナルド・トランプの本拠地ニューヨークに目を転じると、そこにあるのはずっとドライな現実主義である。またトランプとか共和党とかにかぎらず、昔から、やや長期的なスパンの対日政策に関してはワシントンよりもニューヨークのほうが影響力を持っている場合が多い。たとえば、アメリカのＡＩＩＢ（アジアインフラ投資銀行）参加に秋波を送る中国の声をアメリカが一刀両断に拒まず、曖昧に態度を保留してきたのはなぜか。いうまでもなく、ウォール街をはじめとするニューヨークの金融業界の声が背後にあるからだ。彼らビジネスマンは「普遍的価値」などには左右されず、そこでは一切の「浪花《なにわ》節《ぶし》」は通用しない。自分の商売や自国アメリカにとっての利益は何か、を冷静かつ冷徹に見定め、ドライに行動し、アグレッシブにワシントンに容赦なく圧力をかける。

そもそも経済を含め、すべての点で、アメリカにとっての究極の国益とは何か。それは覇権大国として世界の政治と経済を主導するドル基軸通貨体制の維持にほかならない。アメリカの政治も軍事も外交も、究極的にはこのドル体制の維持という一点に奉仕するものである。これは、かりに「世界の警察官」としての地位を降りても、アメリカとして絶対に死守すべき国益と思っている。この最優先の目的の前に、日米関係はあくまでも一個の従属変数にすぎない。

今後、たしかに一方ではワシントンの公式外交は対中強硬へ向かうだろうが、他方、水面下では日本と中国をつねに両天秤にかけ続けていくことだろう。日中どちらがアメリカの国益にとって「より重要な存在」となりうるか、双方の可能性に「両張り」を続けるはずである。

ロシアとドイツが接近する悪夢

〝中露同盟〟ともいえる関係が深化していくなか、日本にとってもう一つ注意しなければならない存在が、ドイツである。

じつは、ロシアとドイツは、多くの「共通の利益」を抱えている。そのことは、各々がイギリスの国民投票に際してどのような態度を取ったかからも透けて見える。

ロシアは、この投票に際して、ほとんど何のメッセージも発しなかった。プーチン大統領にかぎらず、ラブロフ外相やプーチンの側近ナルイシキン下院議長も、モスクワのヨーロッパ研究所にいる専門家たちさえ、この件について何もいわなかった。少しでも「イギリスの離脱はロシアに都合がいい」などと口にして、残留派が増えることを懸念したのである。

そして、このロシアと同じ態度をとったのがドイツなのである。第四章で述べたようにドイツは、イギリスの離脱は実のところ自分たちにとって「シャーデンフロイデ（Schadenfreude＝恥ずかしい喜び）」だと感じている。

いまも「ドイツの野心」に深い猜疑心を持ち、同時にクリミア問題やシリア内戦などでも反ロシアの急先鋒であるイギリスが、欧州大陸の問題に口出しをしなくなるということは、独露両国にとって共通の利益なのである。実際に、近年の両国の態度を見ると、ロシアとドイツはやはり「心の友」であると思わざるをえない。「アングロサクソンが嫌い」というレベルでなく、彼らには「自分たちの合意によってヨーロッパ全体を運営したい」という気持ちが厳然として存在している。

独露両国はすでに、天然ガスをはじめ、さまざまなエネルギー分野で運命共同体である。ドイツはエネルギーのおよそ四割を、ロシアからパイプラインで届けられる天然ガスに頼っているし、自動車や機械など工業製品の対露輸出に頼ってきたドイツにとってもロシアは「上得意先」である。

このようなロシアとの関係を背景に、メルケル独首相がお愛想程度にイギリスにEU残留を求め、離脱決定後はイギリスのメイ新首相にも「優しく応対」している情景は、まさしく「欧州の天地は複雑怪奇」というしかない。これは、いまから二十余年前、『回帰する歴史』（PHP研究所、一九九四年三月刊）を書いた筆者としても、あらためて「やはりロシアはドイツの心の友だ」と思わせるに十分であった。

巷間《こうかん》知られているように、ロシアのプーチン大統領はかつてKGBの諜報員として、東ドイツで活動していたことがある。また、その東ドイツ育ちのメルケル首相はロシア語に堪能で、プーチン大統領とは通訳を介さずに会話ができる（もちろん二人はドイツ語でも意思疎通可能であるとのことだ――Stephen F. Szabo, *Germany, Russia, and the Rise of Geo-Economics*, Bloomsbury, 2015）。

おまけにメルケルが尊敬する人物は、ロシアの女帝エカテリーナ二世（在位一七六二―九六年）だという。この、オスマン帝国への侵略やポーランドの分割など、数々の侵略と圧制を重ねてきたロシアの専制君主に憧れを覚えるというのは、いくらエカテリーナがドイツ生まれの女性だったとしても正直、驚きを禁じえない。そのエカテリーナの大きな肖像画をこれ見よがしにメルケルは自らの執務室に掲げている、というから驚きだ。やはりわれわれにはわからない「独露の親和性」ということか。

たしかに歴史的に見ても、ドイツとロシアの関係は並々ならぬものがある。

そのエカテリーナ女帝と同時代のドイツ（プロイセン）の君主であったフリードリッヒ大王は、死の床の遺言において自らの後継者たちに「あの東方の野蛮人（ロシアのこと）との友誼《ゆうぎ》を何よりも大切にせよ」と言い残したという。実際、彼はこの格言に忠実に従って、貧相な小国だったプロイセンをヨーロッパ列強の一つにまで興隆させたのであった。

この言葉に、ドイツ人の対ロシア感情がすべて表われている。

ドイツから見てロシアは、やはり野蛮人なのである。だが、その彼らとの「友誼」、つまりドライな戦略的思考に基づく同盟、協力、協調こそドイツ国家の命綱になる。そこには「ドイツにとって、より恐ろしい敵はライン川の向こう（＝フランス、イギリス、そして……）」という意識もある。

さらに一八七一年に、小さな領邦に分かれていたドイツがプロイセンの主導の下、統一を成し遂げるわけだが、このとき、名宰相ビスマルクの外交が成功したのは、ロシアの信頼を得ていたからであった。ドイツ統一の決定的契機となった普仏戦争（フランスとプロイセン〈ドイツ〉の戦争）では、ロシアはドイツに対し好意的中立を保ち、フランスを孤立させた。

その結果ドイツは統一し、有名なヴェルサイユ宮殿の鏡の間におけるドイツ帝国の誕生宣言に至るのである。

その一方、ロシア革命もドイツの協力によって成立したものであった。一九一七年、ロシアで二月革命が起きると、ドイツは〝封印列車〟を仕立てて、スイスのチューリヒに亡命していたレーニンをロシアに帰国させたのである。ドイツがロシア革命を後押ししたのは、ロシアで革命が成功すれば「東部戦線」での戦争を終わらせ、仏、英、米との死闘を演じていた西部戦線に全力を投入できるからであった（そして現実に、一九一八年三月のブレスト＝リトフスク条約によって独露間に和平が結ばれ、その後ドイツは実際に西部で大攻勢に転じた）。

一九九〇年の東西ドイツの再統一でも、ドイツはロシア（当時はソ連）から絶大な恩義を受けている。平和裏の東西ドイツ統一はとうてい不可能と考えられていたのに（当時、英仏はもちろんのこと、アメリカでさえドイツの再統一には消極的であったから）、あれほど早く、しかも平穏裏に統一が叶《かな》ったのは、ひとえにソ連のゴルバチョフ大統領の寛大さのおかげであった。ドイツ人は今後もこの恩義を忘れることはないだろう。このことは、今後のヨーロッパそしてグローバルな国際政治の行方を考えるうえで、きわめて重要な歴史的要因であり続けるはずである。

ただわれわれにとって気がかりなのは、この「独露の親和性」が、世界にいかなる影響を及ぼすことになるのかということだ。このことは二十一世紀においても、とりわけ日本は深刻に考えておく必要があるのである。それには幾多の歴史的事例があり、日本も近代史上、しばしば甚大な影響を受けてきたからである。その極め付きは一九三九年、ソ連のスターリンとドイツのヒトラーが電撃的に結んだ「独ソ不可侵条約」である。それまで日独防共協定を結んで日本と一緒になってソ連を敵と見なしていたナチス・ドイツが突然、共産主義の「敵国」と握手するという大転換をやってのけた。ときの日本政府（平沼騏一郎内閣）は「欧州の天地は複雑怪奇」といって絶句するしかなかった。まさに青天《せいてん》の霹靂《へきれき》のショックを受けた日本は結局、敗戦に至るまで独ソの動きに翻弄され続けることになり、対米英開戦へと追い込まれ、近代日本の運命を狂わされることになったのである。このほかにも、独露（ソ）の関係が極東に大きなインパクトを及ぼした歴史上の事例は数え切れない。

そう考えたとき、現代の日本にとっても、ドイツとロシアが接近すればするほど、歴史的にも地政学的にも、悪夢の再来という〝嫌な予感〟が濃厚に漂ってくるのである。

中国とドイツが手を携える恐怖

日本にとってさらに恐ろしいのが、ドイツと中国との接近である。

いま中国はＡＩＩＢを創設したり、「一帯一路構想」を提唱するなど、アジアのみならず世界経済の一つの中心になろうとしている。

「一帯」とは、中国西部から中央アジアを経由してヨーロッパにつながる「シルクロード経済ベルト」、「一路」とは、中国沿岸部から東南アジア、インド、アラビア半島の沿岸部、アフリカ東岸を結ぶ「二十一世紀海上シルクロード」を指す。

これら二地域において、交通インフラ整備、貿易促進、資金の往来を促進し、中国経済圏の構築をめざそうというのが「一帯一路構想」であるが、その推進主体が中国だけなら、ただの大風呂敷で終わる。しかし、もしここに「ドイツ」という補助線が入ったらどうなるか。いまの中国は、高い技術水準、国際社会での信用力、欧米社会の裏の機微にわたるような情報などといったものは備えていない。ところがドイツにとっては、すべて得意分野である。ドイツが加わることで、「一帯一路構想」は俄然、現実味を帯びてくるのだ。

ドイツと手を携える中国、これもまた日本にとってしばしば厄介な、ときには恐ろしい存在になるのである。ここでわれわれが思い出すべきは、中独の協力関係によって日本の運命が狂った、一九三七年の第二次上海事変である。

じつは中国国民党政権は、一九二〇年代よりドイツから軍事顧問団を招いていた。さらに一九三三年にナチスが政権をとると、ドイツはさらに中国に対して猛烈な人的支援、武器支援を行なうようになる。ドイツから軍事顧問として派遣された軍人たちは蔣介石に対して攻撃的な対日戦略を具申し、中国軍の近代化を進め、要塞や陣地の構築を進めていった。ドイツ軍事顧問団長のファルケンハウゼンは上海の日本人租界への攻撃プランさえも提案していたのである。当然、ドイツ製の優秀な兵器も多数中国に輸出されていく。ドイツにとっては、じつに「おいしい中国利権」であった。

このようなドイツからの軍事的支援に力を得て、蔣介石率いる国民党政府は上海近郊に軍隊を集め（最終的には二〇万にも達した）、強力なドイツ式の陣地を構築していく。そして、一九三七年七月の盧溝橋事件などを受けて日中間の緊張が高まるなか、上海各地で日本人殺害事件が頻発し、居留邦人を守るために派遣された日本海軍陸戦隊四〇〇〇人に対して、一九三七年八月、中国軍最精鋭部隊三万人が全面攻撃を加えてきたのである。

この精鋭部隊は、ドイツ軍人によって鍛え上げられ、最新の兵器を装備していた。中国側はどんどんと兵力を投入し、兵力・戦力ともに圧倒的に優位に立つ中国軍に包囲された日本の海軍陸戦隊は全滅の危機に陥った。何とか持ちこたえているあいだに、日本は陸軍部隊の派遣を余儀なくされた。そこで日本軍の反撃によって、圧倒的に兵力数で勝る中国軍の陣地を破り、敗走させたのであった。しかし日本軍は戦死一万余、戦傷三万余という、日露戦争の旅順攻防戦以来の甚大な損害を被《こうむ》ることとなった。

この戦闘はそのまま南京攻略戦へと続き、日本は泥沼の戦争に突入することになる。ある意味では、中国とドイツの連携こそが、日本を戦争に引きずり込んだともいえる。

中国軍の機関銃陣地。ドイツの軍事指導を受けた精鋭部隊が日本側に攻撃を加えた

じつは、戦前の日本が日独伊三国同盟を結んだ大きな動機の一つも、ドイツを中国から引き離すことにあった。たしかにこの三国同盟によって、ドイツと中国との離間には成功する。しかし結果として、今度はその三国同盟が、日本を対米英戦争という決定的な死地に追いやる決定打になってしまうのである。まことにドイツは戦前の日本にとっての「疫病神」であった。

このような歴史に学ぶとき、現代においてもドイツと中国の関係性にも絶えず注目しておかねばならないのである。さらにいえば、ドイツの存在は、中露接近を考えるうえでも要注意なのである。

中露接近について、現在のところ日本人はタカをくくっているふしがある。「中露はつねに同床異夢で、ロシアは中国を恐れているし、長い国境線をめぐって頻繁に紛争を経験している。しかもお互い、国際社会で信頼を得ていない。この二国が一体になっても、大きな力にはならないだろう」という、侮《あなど》りの気持ちが日本のリーダーたちにある。だが、これも「ドイツ」という補助線を引くと事情はガラリと変わる。

それでなくてもヨーロッパでは、親露派のメルケル首相のもと、長期的には独露の協力関係が今後大きく進んでいくと予想される。他方、中独の経済関係も、メルケル首相が在任十一年で九回も訪中しているほど緊密である。フォルクスワーゲンは中国市場で圧倒的覇権を握り、フォルクスワーゲンなしに中国経済や国民生活は成り立たないほどである。しかもドイツの先端技術がＡＩやロボット技術を中心に、ものすごい勢いで中国に入りだしている。

環境技術にしても、中国ではＰＭ２・５をはじめ大気汚染があまりにひどいと知りながら、日本は技術協力について積極的に動かなかった。気がつくと中国はドイツから環境技術を導入するプロジェクトを動かし、国有企業を何社も立ち上げるほどになっている。一方でベルリンには、新しく来たエリート技術者の中国人駐在員が増えている。

こうした中独経済関係の目を見張る進展は、日本にとって、まことに警戒すべき要素といわざるをえない。

ヨーロッパの最新軍事技術が中国に流れる危険性

ドイツを除く欧米諸国はどうかというと、一見すると中国包囲網づくりに向けて動いている。二〇一六年五月の伊勢志摩サミットでも、たしかに各国首脳は中国の海外進出に強い関心と懸念を抱いていた。ただし発表されたサミットの首脳宣言では、中国への名指しを避けて抽象的な言及でお茶を濁していた。経済関係では中国と敵対したくないという、各国の思いを象徴しているといっていい。これは彼らにとってアジアの安定は、根本的に「遠い話」ということでもある。

ただし、同じ時期にフランスのル・ドリアン国防相が、シンガポールで開かれたアジア安全保障会議において、参加したEU各国に南シナ海の公海に海軍艦艇を派遣し、定期パトロールするよう呼びかけたと報じられたことは留意すべき動きであった。フランス政府はこれを即座に否定したが、フランスが南シナ海問題に関心を持っていることは確かだろう。インドにしても前述のとおり、上海協力機構に加盟する一方、日米との海上共同演習「マラバール」に参加している。いま各国は、まさしく「両張り」をして様子見の段階にあるともいえる。

オーストラリアは前章でも触れたように、「ファイブ・アイズ」(米、英、加、豪、ニュージーランドの英語圏五カ国でつくっている最も緊密な安保情報同盟のこと)の一員として、アメリカの最も緊密な同盟国である。だが、それまでのアボット政権が親日だったのに対し、二〇一五年九月に発足した後継のターンブル政権は、同じ自由党ながら親中派である。日本への発注が有望視されていたオーストラリアの新造潜水艦の発注先が最終的にフランスに決まったのも、中国政府の強い働きかけによるものとされる。ターンブル首相の一族が中国コネクションとのつながりの深いことに加え、底流にイギリスと中国の関係もあると見られる。

このオーストラリアの中国傾斜という「転向《ターンラウンド》」は、「日米豪印」の対中・自由主義同盟の構想を唱えていた日本にとっては、大きな挫折であり、安倍外交にとり予想外の蹉跌《さてつ》であった。ただし、考えてみれば中国が、日本の「安倍外交ごとき」が考えていることを指をくわえて見ているはずもないのである。当然、オーストラリアに対しても、中国の狙い澄ました「対安倍外交」の工作活動が行なわれる可能性も想定しておくべきであった。

経済だけでなく、武器輸出についての懸念もある。これまで中国に流れる最新兵器といえばロシアルートがメインであったが、しかしロシアは中国の隣国ということもあり、対中武器輸出についてそれなりにセーブしていた。ロシアはたとえば、重要な武器を輸出する場合には、自国で使うものよりも性能を数段落としたものを出荷することが常であり、ことロシアから中国への武器輸出については、今後もこうした抑制は続くであろうと思われていた。ところが、先のタシケント会談では、軍事協力についても言及している。おそらく経済的に厳しいロシアとしては、もはや背に腹はかえられないのだろう。

一方、ヨーロッパでは一九八九年の天安門事件以来、アメリカと日本の主導のもと、中国に対して軍事技術、とくに最新技術の対中輸出はしないという了解があった。フランスのシラク元大統領は武器輸出解禁に向けて積極的に動いていたが、これまでそのたびにフランスを抑えていたのがイギリスであった。だが、イギリスがEUから出ればその役割はもはや期待できなくなる。フランスが中国への軍事技術輸出を解禁したい、といえばドイツも同調する可能性は高い。大陸諸国が高性能兵器の対中輸出を解禁すれば、イギリスも対抗して解禁するかもしれない。

そしてヨーロッパの最新軍事技術が中国に渡れば、アジアの軍事バランスは一変する。イギリス、ドイツ、イタリア、スペインの共同開発による第五世代戦闘機ユーロファイター・タイフーンは、アメリカのF35が出てくるまで世界最強を誇った。これを多数購入するだけの財政能力を、中国は十分備えている。

こうした技術を中国が手に入れれば、中国人民解放軍の戦力向上は歴然たるものとなり、日本にとって死活的な脅威となるであろう。

イギリスは今後、親中に動くか

では、イギリスはどうか。二〇一五年の習近平主席の訪英では、イギリスはエリザベス女王まで動員して歓待した。この演出をしたのは、当時、キャメロン首相の後継者と自他ともに認めていた、親中派のオズボーン財務相であった。オズボーン財務相は新疆ウイグル自治区を訪れたときも中国の人権問題には一切口を出さない方針をとった。メルケル首相はかつてチベット問題でダライ・ラマ法王に会ったことで、中国から嫌がらせを受けた経験がある。彼女も以後、人権問題を口にしなくなり、それにオズボーン財務相も従ったのだが、オズボーン自身、オーストラリアのターンブル首相と同様、家族ぐるみの親中派であった。

ちなみにこのオズボーンについては、イギリスメディアでよくいわれる噂が「カネに汚い」というものである。オズボーンは貴族出身であるが、金融界と関わる貴族は、とかくカネにまつわるスキャンダルがついて回る。イギリスを代表するサッカーチームのパトロンでもあり、とかくの噂が絶えない。ロシアの新興財閥ロシア・アルミニウムのオレグ・デリパスカ総帥とオズボーンはごく親しい、ともいわれる。ここに中国が目を付けないはずはない、ということか。

ここからは中国問題の専門家、遠藤誉氏の分析によるが、オズボーンの人脈のなかでも、とくにキナ臭いのはMI6の元工作員ともいわれ、二〇一一年に薄熙来の妻である谷開来によって毒殺されたニール・ヘイウッドと親しかったとのことである。当時、薄熙来は重慶市共産党委員会書記を務め、マフィア撲滅や毛沢東賛美などで名を上げ、次期党大会で中国の最高指導者「チャイナ・セブン」の一員に入るのでは、といわれていた注目株であった。他の報道によると、ヘイウッドは中国の薄熙来ファミリーに食い込み、経済的利権をかなり得ていたふしがあり、薄熙来の政治的陰謀にまつわる情報を流そうとして殺されたという憶測もある。

ヘイウッドはイギリスの保守党の長老政治家、デービッド・ハウエル男爵と近い関係にもあったとのことで、そのハウエル男爵の娘婿がオズボーンで、オズボーンは「ハウエル・ファミリー」の一員でもある。ハウエル男爵にも、金銭にまつわる謎の部分がある。

たとえば二〇一五年、習近平主席の訪英に際し、ヒンクリー・ポイント原子力発電所などの案件に中国が総計七兆円を融資して、中国メーカーによる発電所を新設するという話が出た。この話にハウエル男爵が関わっているとされており、オズボーンの周辺には中国利権に関する裏表のはっきりしない話が渦巻いていた。

こうしたオズボーンをめぐる動きに対し、口の悪いイギリスメディアは、「中露の怪しげなコネクションであっても、どんどん入っていく。アジアを自らの利権にとっておいしい乱痴気パーティの場にしようとしている」などと報じている。

とはいえ「アジアにはお金が余っているので、ロシアの新興財閥などと同様、彼らをうまく利用して儲ける」というのは、オズボーンやハウエル男爵にかぎった話ではなく、いつの時代もイギリス貴族社会にはそういう汚い面がある。アジアは、昔も今もイギリスのエリートにとってのエルドラド（黄金郷）、つまり「金の成る木」なのである。中国にアヘンを売りつけて暴利を貪《むさぼ》ったのも、「イギリス紳士」であった。ある意味、地中海を越えると恥を感じる必要はないというのが、大英帝国から続くイギリスの紳士階級のモラルとして、陰ながら長くいいならわされてきた話である。

幸い、というべきか、イギリスの国民投票での敗北を受けてキャメロン首相は退陣し、次のテリーザ・メイ内閣ではオズボーンは閣僚から外れた。それにより、イギリス政界の親中熱は後退したという観測も流れた。だが、オズボーンがいずれ返り咲く可能性も否定できないし、中国もそれに期待しているはずである。

「中露独の三国同盟」に日米同盟は対抗できるか

いずれにせよ日本人が、イギリスのEUからの離脱やNATOをめぐる展開を座視できないのは、東アジアにおけるドイツの存在に直接、関わることでもあるからである。いまや東アジア情勢とヨーロッパ情勢は、「中露同盟」の成立と、その陰で進行するグローバルな「パワー・プレイヤー」としてのドイツの対露・対中提携への底流での動き、この二つを媒介として完全に連動しだしたユーラシア規模での「世界新無秩序」へ向けて進行中である。

とりわけ、本章で触れたドイツの中国に対する過度なのめり込みは、やがて日本の命運を狂わせかねない気がかりな要素である。

この先、日本とアジア太平洋の命運を握るのは、「日米同盟」とそれに対抗する「中露同盟」、そして第三項としてのドイツの動向である。そして、そこにイギリスなどヨーロッパ諸国、さらにASEAN諸国やインドなどアジアの国々がどう絡んでいくかが、焦点となっていく。この壮大な「ユーラシアのパワー・ゲーム」は今後、誰の目にも明らかになってゆくことであろう。そこで日本として、今後、再び最大の悪夢となりうる「中露独同盟」のもたらす脅威を、何を措《お》いても警戒しなければならない。

国際関係の真髄というものは、十九世紀も二十一世紀も核心において変わりはない。このことを知るには明治の日本に最大の外交危機をもたらした、あの「三国干渉」（一八九五年）を思い起こすとわかりやすい。あのときも、まさにドイツが中露双方を操って対日恫喝《どうかつ》の行動に出てきた（フランスはあくまで孤立を恐れて慌てて独露の対日干渉に参加したにすぎない）。そのため、大英帝国といえども日本を見捨てるしかなかったのである。今日はたして、「中露独の三国同盟」に日米同盟は対抗できるのか。

差しあたって日本は、可能かどうかは別にして「中国とドイツをいかに引き離すか」をいつも念頭に置きながら、つねに「中露同盟」の動きを注視しつつ、ドイツと中国、ドイツとロシアとの連携をも視野に入れて日本外交の将来を構想しなければならない。その視野と覚悟なくして、日米同盟の強化もロシアとの関係改善もありえないことを心に刻んでおくべきである。

第六章

これから十年、日本はどうすべきか

早く見つけ、ゆっくり行動し、粘り強く主張し、潔く譲歩する

本書でこれまで見てきたように、いま世界ではさまざまな動きが起きている。だが、日本人の大半はこれをどう受け止めるべきかわかっていない。

つくづく日本人の世界を見る眼には、まだまだ深刻な問題があるといわざるをえない。私がつねづねいっているのは、国際社会のなかで生き残るためには、以下の四つを肝に銘じる必要がある、ということである。

まずは、「大きな底流を早く見つける」。そのうえで、「しっかり準備をして、できるだけゆっくり行動する」。他方、「交渉事は、つねに粘り強く主張する」。世界において、謙譲の美徳など通用しない。ただし、「大きなものが動くところでは、あるところで潮目を見て潔《いさぎよ》く譲歩する」。

つまり「早く見つけ」「ゆっくり行動し」「粘り強く主張し」「潔く譲歩する」、これが国際社会で生き残るうえでの要諦である。

ここでいまも、ありありと思い出すのが、私が一九九五年に京都大学に赴任したときの授業風景である。京都大学では昔から本登録の前に、二週間ほど各授業を仮受講できる制度が

ある。期間中はどの授業に出てもよく、立ち見の学生でいっぱいになる授業もある。このときの授業で、私は「国際政治を学ぶためには、世界の動きに注目する必要がある。世界を見るにあたって、今後『五つの変化』が起こることを念頭に置いてほしい」と述べてから、次のような五つを挙げた。

一つは、中東情勢の不安定化によるテロの多発である。一九九一年の湾岸戦争によって中東秩序の基本構造が壊れ、テロが大きな問題となる。

二つ目は、ロシアの民主化の失敗である。ロシア国内の経済政策の失敗と、西側が性急にロシアの民主化に介入してさまざまな西側モデルを押しつけようとした結果、ロシア人の強い反発と怨念を生み出している。ロシアは必ず強硬な反西側的存在になり、かつてほどの力はないにせよ、ソ連と同じようなスタンスの国に戻る。

三つ目は、中国が日本と敵対する存在になる。中国は経済的に豊かになっても共産党一党独裁はそう簡単に変質せず、民主化は難しい。中国の共産党体制が崩壊するときは、ソ連のようなわかりやすい崩壊ではなく、崩壊を避けるべく強硬な外交政策を取り、軍事大国化をめざす可能性がある。中国経済が豊かになるほど、日本にとって安全保障上の脅威となる。

一九九〇年代には、このあたりまで話したところで、学生は「この先生は少し頭がおかしいのではないか。こんな授業を聞いていて大丈夫だろうか」という顔をしだしたものであった。なかには「先生は、世界の新しい動きをまったくわかっていないのではないか」、とストレートに〝質問〟してくる学生も出てくるのであった。

さらに、四つ目に挙げるのがアメリカの衰退で、世界の覇権国から徐々に遠ざかる、というものである。それはまだまだ先の話だが、世界の動きに影響されつつも、アメリカはやがて必ず自国の国益第一に物事を考えるようになっていく。

当時のアメリカは隆々たる世界の覇権国で、今後何十年、あるいは百年、二百年にわたって「アメリカの覇権」の時代が続くと、日本の主だった国際政治学者や評論家は述べていた。そうしたなか、私の話を聞いて学生は、「この先生は明らかに変だ」という顔をする。

そして最後、五つ目に述べるのが、ヨーロッパ統合の失敗である。ＥＵは発足したけれど、将来的にうまくいかない。ヨーロッパはいつも「一つであろう」とするが、つねにバラバラで、これがヨーロッパの文明史的宿命である。だから今後ヨーロッパでは、ＥＵの分裂と崩壊など、いまでは考えられないようないろいろなことが起こる。

ここまでいうと賢そうな学生たちはみな立ち上がり、教室を出ていこうとするのが毎年のことだった。まださほど知識を持たない学生であっても、自分のなかにある認識体系が壊れるのだろう。次の授業には出てこなくなったりした。こうした学生の反応こそ、まさに当時の日本全体の雰囲気そのもので、それは大きくいえば、いまに至るもほとんど変わっていないのだ——少なくとも昨年、二〇一五年くらいまで。

なぜ、こういうことになるのか。一つには、日本人の場合、几帳面すぎる性格ゆえ、物事の大きな潮流をざっくり捉え、それについて深く考えるのが苦手だからである。目前に生起する現象に目が行きすぎ、あるいは非常に慎重に捉え、あるいは目の前とは別の流れも考慮してしまう。その結果、どちらにも決められないまま、とりあえず目の前の流れに眩惑され、とにかく懸案の仕事を片づけようとする。つまり物事を「懸案対処」で取り組んでしまう。これは、必ず大きな趨勢《すうせい》を見誤ることにつながる。

たしかに、こうした日本型の認識スタイルは実際の仕事を片づけるうえでは有効だが、大きな組織や国の方針を決める際には、ときとして破綻を招く。「昭和の戦争」の悲劇、あるいは平成の「バブル崩壊の悲劇」も、こうした点に起因するといっていい。

すでに十年以上前から、ドイツ、ロシア、中国、アメリカといった主要国は、口には出さなくとも「世界は分裂の方向へ向かうかもしれない。そのときわが国はどう動くべきか」といったシナリオを考えはじめていた。そうしたことを、たとえばG7で首脳が発言をしたり、メディアが記事に取り上げたりすることはないが、民間の学者の議論や動向、政府内の長期的戦略を考える部局の動きなどを見ると、世界は明らかに別の可能性に備えている。

アメリカの方向性を決めているのは誰か

第五章で述べたように中国とロシア、中国とドイツのつながりが、予想以上に進んでいる。さらに中国とイギリスのつながりが、今後もさらに深まっていく可能性もある。このことを視野に入れれば、日本あるいは日米同盟の対中抑止戦略一点張りの見直しが必要なことも、わかってくる。

そもそも、いちばん頼りにしているアメリカも、今後どのような動きに出るか不明である。とくに気になるのはトランプ大統領誕生後の国際金融の動きで、国際金融の世界はアメリカといえども信用できないところがある。

日米関係というと、日本では国防総省の発言に基づいて議論されることが多いが、それはワシントンの一部局の発言にすぎない。じつはアメリカ国内における国防総省の影響力は、日本では考えられないほど低い。おそらく大きな政策決定では、日本の防衛省と比べても、まだ低いくらいだ。そもそもアメリカの軍隊は、政治家に命じられたとおりに戦争を遂行することが仕事なのだから、当然といえば当然だ。また国務省といえども、全米的な世論の関心を引かなければ、国民の無関心を背景に粛々と東アジア政策を進めるのが、アメリカ政府の伝統的なやり方である。しかも議会は、中国と直結している。

熾烈な生存競争に基づく現実主義がベースであり、「価値観外交」などという寝言が通じるのは、ワシントンの官僚や議会共和党の一部の観念派だけである。彼らのような子供っぽい指導者なら、日本にとって心地よいことをいってくれる。拉致問題なら「必ず日本の味方をします」というだろう。だが、彼らのもっと外側、アメリカの決定に本当に影響力のある人まで広げて見てゆくと、とくに「ニューヨークの世論」は親中派がまだまだ強い。

彼らは、はっきりした結論はいわない。ニューヨークから見てもアジアの同盟国、とくに日本は経済的に大事な存在である。だから日本を引き寄せようとする議論もするが、本音では北京を大事にしたい。

たしかに、そこには中国のほうが「速い」という問題もある。彼らはみな経営者でワンマンだから、即座に決定ができる。アメリカ人の気風に近い。日本は組織社会で、官僚国家だから、万事に時間がかかる。普通のアメリカ人のペースで日本の相手をしていると、だんだん不安にさえなってくる。これが親中派が多い要因の一つである。

国防総省がいくら日米同盟を重視する発言をしようと、それがアメリカの政策と一致するわけではない。日本の評論家はワシントンばかり見ているが、アメリカの対外政策を真に決定するのはワシントンではなく、ニューヨークなのである。

アメリカを知るには、アメリカの世論、メディア、金融界を含めた経済界など、広くアメリカの全体像を捉える必要がある。もちろんニューヨークだけでなく、シカゴやロサンゼルス、さらにはアメリカの田舎（草の根世論のこと）も押さえておく必要がある。そのうえでアメリカを見ると、やはり大きな決定権を握るのは価値観に左右されないドライなニューヨークの現実主義なのだ。

第一章でも述べたように、代表的なのがウォール街やメディアで、さらに国際都市としてヨーロッパやアジアともつながっている。アメリカの縮図であり、アメリカの国策の発信地になっている。

われわれ学者の世界でいえば、ＣＦＲ（外交問題評議会）の議論の中身は、（十分に吟味して分析すれば）将来予測のよい指標になる。これまで述べてきたとおり、ＣＦＲは外交・国際政治の雑誌として最も権威ある『フォーリン・アフェアーズ』を発行するシンクタンクで、およそ百年前の一九二一年に発足した。歴代のアメリカ大統領を生み出した場所であり、若き日のキッシンジャー元国務長官が長らく活動していた場所でもある。ＣＦＲの報告書を読むと、ほぼ十年後のアメリカや新政権の方向など、票を得るための演説とはまるで違う、アメリカの国益に沿った合理的な議論が見られる。

元来、ＣＦＲという存在は、アメリカの政治、外交、経済政策の「奥の院」といわれる。ロックフェラーやモルガン、さらにゴールドマン・サックスなどウォール街の大所に大きな影響を与えているのも、このＣＦＲであるとされる。たとえば、二〇〇一年にゴールドマン・サックスが新興国のブラジル、ロシア、インド、中国を「ＢＲＩＣｓ」と名づけ、「ＢＲＩＣｓがＧ７のＧＤＰを二〇三〇年代に追い越す」と発表し、急にＢＲＩＣｓへの投資が活発になった。あのとき、ＣＦＲの報告書や議論が、ＢＲＩＣｓブームの「水先案内」になっていたことは記憶に新しいところだ。つまり、ＣＦＲに代表されるニューヨークの「グローバリズム・エスタブリッシュメント」はこれまで、アメリカの政策議論に有力な方向づけを行ない、主として「オールド・グローバリズム」の金融資本とともに、たびたびワシントンの政権中枢と一体となって動いてきたのである。

ＣＦＲは第一次世界大戦の頃はまだ存在していなかったが、第一次世界大戦後、アメリカが国際連盟に加盟せず孤立主義に向かう時代から、「アメリカは一日も早く孤立を脱して世界に介入すべし」と訴えて、徐々に大きな影響力を持ちはじめた。当時からニューヨーク財界が英国のエリート社会と提携する国際ネットワーク、とくに欧米大西洋共同体の形成と軌を一にして、その中心になって影響力を拡大してきた。

CFRの対中戦略が変わってきた

CFRの最近の動向で興味深いのは、二〇一六年のアメリカ大統領選で、どちらかといえばクリントン候補の支持を強く押し出さなかった点であるかもしれない。そもそも一九八〇～九〇年代に冷戦後のアメリカの世界戦略を描いたのもCFRで、「世界新秩序」的な、第一次大戦後のウィルソン外交を彷彿とさせる人権と民主主義推進のリベラル外交を唱導していた。それゆえ本来なら、イスラム教徒の入国を拒否したり、メキシコとの国境に壁を築くなどといったトランプの反動的な議論には最も強く反対すべき立場であったが、二〇一六年の初頭から見てゆくと必ずしもそうではなかった。

現在のリチャード・ハースCFR会長はウォール街で強い力を持ちつつ、ワシントンでも国務省や国家安全保障会議で高官の地位を得てきた。官僚でもあり、財界人でもあり、学者でもあり、いまやエスタブリッシュメント中のエスタブリッシュメントである。日本では

『読売新聞』のコラム「地球を読む」への定期寄稿者としても、よく知られる。その意味では、日本の外務省や経済界の大所ともつながっていて、信頼度も非常に高い。彼らが本気でヒラリーを応援し、一致して本格的にトランプ阻止に動いていれば、アメリカ世論はもっと明白にヒラリーに傾いていただろうが、不思議にそうしなかった。

またCFRが『フォーリン・アフェアーズ』とは別に出しているさまざまな報告書を見ると、二〇一四年〜一五年を境に中国に対する態度が明確に変わってきたことがわかる。CFRはもともと「親中派の牙城」だが、ここへ来て中国批判を始めたのである。とくに二〇一五年初頭から、「米中関係の将来を考えると、いまこそ中国に対するアメリカの基本戦略を変える必要がある」といった鳴り物入りの報告書を出している。

いずれにせよ二十世紀の初頭以後のこの百年、国際政治の基本秩序は、「国際金融」が大枠を決めてきたところがある。そしてとりわけ第二次大戦後、アメリカにとっていちばん大事な国策の最優先事項は、つねに「ドル基軸体制」をいかに守るかであった。

金融の本質は、「現実主義」と「両張り」である。たしかに日本は安保上の同盟国だが、「エルドラド（黄金郷）」――あるいは金のなる木」としての中国も捨てがたい。そして究極のところ、どちらか一つしか選べないなら、必ず「エルドラド」を選ぶのがアメリカ人の本能である。アメリカ自体、ここにエルドラドがあると思って大西洋を渡った清教徒がつくった国である。アメリカの議会や経済界、行政府が、中国主導のＡＩＩＢ（アジアインフラ投資銀行）に対し、日本のように完全否定せず、いまなお微妙な秋波を送り続けている理由もここにある。

つまり、ここで大切なことは、われわれはつねに複眼的に、アメリカと中国を見る必要があるということである。

イギリスのＥＵ離脱は、アメリカの姿勢にも大きな影響を与える可能性がある。イギリスは今後も、ＮＡＴＯ（北大西洋条約機構）の有力な一員としてとどまるだろう。かりにＮＡＴＯがぐらついても、米英同盟が根本的に揺らぐことは考えられない。その大きな秩序構造のなかで、さらに中国の脅威を考えると、日本にとっては当面、「日米同盟」という選択以外ありえない。

そのうえで、米中の衝突や逆に接近といった、さまざまなケースに備えた危機管理をどうするのか、憲法問題をどうするのか、もうそろそろ待ったなしで本気を出して考えなければならないときである。そしてもはや、その問題から逃げる余裕は、日本にはほとんど残っていないことを知るべきだ。

「空気を読む」――かつてない「極右化」

イギリスのEU離脱後の世界を考えるには、もちろんイギリスの動向も大切な情報である。だが彼らも世界がどう変わるかについて、ヨーロッパという狭い単位でしか見ていないことには注意しておく必要がある。

日本人がヨーロッパを見る際には、それぞれの国の国民感情を知ることも重要である。オランダは反独、デンマークはさらにドイツ嫌い、スウェーデンはその中間ぐらい、ノルウェーはイギリスが大好きといった具合で、そうした〝相場観〟を国ごとに持つ。これは私のいう「歴史の土地勘」でもあり、それがあれば「この国とこの国はどういう関係にあるから、この件ではこのように動く」といった予測が、より確かなかたちで成り立つ。

このような〝土地勘〟を多くの日本人に求めるのは無理だろうが、他方、普通の日本人にできることもたくさんある。とくに、さまざまな国や人種で成り立つヨーロッパを理解するうえで求められるのは、いわば「連立方程式」である。この連立方程式を解くためのコツは、考えるのではなく、「肌身で感じる」ことである。別の言い方をすれば、そこの国に行けば誰でも味わえる「空気を読む」ことである。

これは、むしろ日本人の得意分野であろう。とくに日本の国内社会では、政治家やビジネスリーダーは、周囲の空気を敏感に読める人ほど出世する。国際社会では少し意味は違うが、やはりある種の「空気」を読むことが大切なのである。

ヨーロッパに入って実際に何人かに話を聞き、いまの「ヨーロッパの空気」をつかめば、いまやドイツがカギを握っている、といったこともすぐにわかる。

さらに日本人としては、「イギリスの離脱は、イギリスやヨーロッパだけの問題ではない」という理解も重要である。これが今後、どのような意味を持つかを考えておかねばならない。ここで念頭に置くべきが、先に述べた「五つの変化」である。

①中東情勢の不安定化によりテロが多発する
②ロシアの民主化が失敗する
③中国が日本と敵対する存在になる
④アメリカが衰退する
⑤ヨーロッパ統合が失敗する

このうち、私が以前から繰り返しいってきたことだが、「ヨーロッパ統合は必ず失敗する」ということは、今回、現実になった。中東におけるテロの多発も、ＩＳの登場により現実化した。中東は無秩序化し、まさに「テロ」という一つの世界現象の時代が到来したかのようである。なぜ中東の秩序は、これほど崩壊したのか。これも冷戦後二十五年間のなかで、しっかり見つめるべきテーマである。

二〇一〇年から一二年にかけてアラブ世界で起きた「アラブの春」も、もう一度、再検証の目で見るべきであろう。そもそも、秩序の安定にとても大きなリスクをはらんだアラブ世界において、民主化をむりやり進めること自体おかしいことだった。

また、ソ連崩壊後、旧ソ連圏の国々ではグルジアの「バラ革命」やウクライナの「オレンジ革命」といった非暴力による民主化革命が起きた。同様のことが世界中で起きているが、成功した国はないに等しい。

ベルリンの壁の崩壊前後に「民主化した」とされる東欧諸国はいまのところうまくいっているが、最近はハンガリーにせよポーランドにせよ、右派あるいは極右政党が政権を握るようになっている。二〇一五年にポーランドで極右政党「法と正義」のドゥダ大統領誕生の際には、ヨーロッパ、なかでもイギリスの新聞が将来への不安を大きく書き立てた。ハンガリーのオルバン政権に至っては、「ヒトラーを崇拝しているファシスト政権である」とさえいう欧米メディアもある。だからシリア難民が大量にハンガリー国境に押し寄せたとき、ハンガリー政府は一晩で国境沿いにステンレス製のフェンスを設置した。こんなことができるのはオルバン政権だからで、これが難民問題への流れを一気に変え、アメリカでもトランプの「壁発言」がもてはやされることにつながった。

西ヨーロッパでも、「ファシスト」や「極右」が政権を取る傾向が出てきた。フランス、オーストリア、オランダなどは政権を取るまでには至っていないが、明らかに票を伸ばしている。まさに、かつてない現象であることは間違いない。

中国共産党が経済危機を乗り越えた先の未来

もう一方の世界の大きな攪乱《かくらん》要因は、中国における経済的混乱のリスクである。とくに金融をめぐる各種の指標からも、ことここに至れば近い将来、中国が何らかの経済危機に襲われることは、ほぼ間違いあるまい。そのとき日本はその火の粉を浴びはするが、反面、しばしの余裕、つまり「ブリージング・タイム（息継ぎの時間）」を与えられることになる。

ここで大事なのは、その先を考えることである。

中国経済が下降線をたどり、ひどい場合はアメリカの投資家ジョージ・ソロスがいうように「ハード・ランディング」になったら、中国国内は大混乱し、共産党体制の行く末もわからないほどの動乱が起こるかもしれない。もちろん、ソフト・ランディングが可能となるかもしれない。しかし、いずれにせよ中国史を遡《さかのぼ》ると、その程度の混乱は珍しい話ではない。国内の対立で何千万の人が殺戮《さつりく》された「文化大革命」もつい四十年前の出来事である。いま生きている中国の人びとは、それに耐え、乗り越えて、その後三十年ほどで経済大国を築いたのである。

つまり中国を見るときに大事なのは、「どれほど混乱が起きようと、周辺世界が中国のことを無視したり、捨象したりできるような弱い存在になることは金輪際ない」ということである。混乱する中国のほうが強い影響力を発揮するときもある。中国には強いサバイバル能力がある。専制大陸国家が強味を発揮する「大陸の世紀」となりかねない二十一世紀にあって、ロシアとともに中国などの大陸国家が侮《あなど》れないのは、彼らがかつてない、きわめて強い再生力を持っているからである。

ロシアも、ソ連の崩壊で破綻の極みに達しながら、プーチン政権になるや、あっという間に石油戦略を発動して世界の外貨を集め、ＢＲＩＣｓの一角となった。軍事的にも、ロシアは対米戦略核では依然として世界一でアメリカを圧倒しており、核兵器の近代化もどんどん進めている。

そもそも大陸国家であるロシアは、無尽蔵に資源を持っている。回復しないほうが不思議で、ソ連崩壊時、「ロシアはもう二度と立てない」と断言した日本の国際政治評論家もいたが、やはりきわめて近視眼的な見方であった。

そして、中国も再生力の強い国である。清朝崩壊後、軍閥による大混乱が生じながら国民党が北伐を成功させ、その二十年後には国連常任理事国の一角にまでなった。その後、共産党政権の誕生や文化大革命で何千万人もの国民が死に至るほどの大混乱を経ながら、やがて近代化路線を成功させて考えられぬほどのスピードで国力を拡大させ、いまや核大国としてアメリカと張り合おうとしている。これらすべてが数十年のあいだに起こっているのである。

私は世界情勢の長期予測をするうえでの今後のターゲットイヤーを、一応、「二〇三〇年」と位置づけている。このあたりに視線を定めたとき、どのような世界が日本の周辺に待ち受けているのか。

中国経済の落ち込みも、二〇三〇年には回復していよう。しかも軍事費は、いかに経済が混乱しようと現在の水準から大幅には落とさないだろう。多少落ちたとしても、年五～六パーセント程度の軍拡ペースは今後もずっと保つだろう。

すると、いくらトランプ政権が軍事費を増やしても、二〇三〇年には中国の国防予算は、アメリカを軽く上回るはずである。

日本では、「中国は経済危機で弱体化せざるをえない」という希望的観測や根拠のない楽観論を唱える人もいる。しかし、それはあまりにも「甘い見方」である。少なくとも、そうした議論は、責任あるものの見方とはいえない。

いまの中国経済の最大の問題は、公的部門、国有企業部門の非効率と不良債権である。たしかに、不良債権問題がここまで大きくなったら、日本のような国ならとうていもたないだろう。だが、この問題の根幹にあるのは日中間にある隔絶した「政治の指導力」の差である。ずばりいえば、強権国家である中国の場合、経済改革が成功する可能性は高いということである。

共産党一党体制は、金融危機を防ぐには理想的でさえある。われわれが自由主義国の発想で中国の不良債権問題を論じても無意味であろう。中国の政治体制下で金融恐慌は起こらないか、かりに起こったとしても、その「火消し」が成功する確率が高い、ということである。これは富士通総研経済研究所主席研究員の柯隆《かりゅう》氏や、野村総合研究所未来創発センター主席研究員のリチャード・クー氏らが以前から一致して指摘していることである。

では、中国共産党が目下の経済危機を乗り越えたとしたら、その先に広がる未来はどのような姿か。

アメリカでは国防予算がドラスティックに削減されているが、国民も議会も誰一人反対しない。そうしたなか、残念ながら中国の経済改革の成功は、日本にとって「悪夢」になるだろう。アメリカの中国軍事研究家で国防総省やCIAの中国情報分析官であったマイケル・ピルズベリーが著した『China2049――秘密裏に遂行される「世界覇権100年戦略」』（日経BP社、二〇一五年）では、中国がアメリカを完全に追い越す年を二〇四九年としているが、これすら楽観的な予測に思える。

もし中国が、今日唱えられている国有企業を中心とした経済改革に成功すれば、二〇三〇年代には、アメリカのGDPを追い越す可能性もある。ピルズベリーが中華人民共和国建国百周年ということで「二〇四九年」をターゲットイヤーとしたのも、そこから少し「後ろにズラして」ということだろう。

じつはピルズベリーは、アメリカのエスタブリッシュメントの親中派の人々にとって、「許すべからざる裏切り者」なのである。アメリカの対中政策の根幹をなす責任ある政府の地位にいながら、同書で、じつは終生口外すべきではなかったレーガン以来の「米中の共謀関係」を暴露したからである。

しかし、逆に日本にとっては救世主で、同書は、「経済危機で自滅する中国」という淡い期待にすがって自助努力を怠る日本人の心に警鐘を鳴らした。もはや、中国危機論をぶつ時代ではない。危機は日本の目の前にあるのである。

日本は幕末の長岡藩の失敗に学べ

では、二〇三〇年を中国の対米優位確立の「ターゲットイヤー」と考えたとき、日本に何ができるかというと、思い出したいのが幕末における長岡藩の失敗である。

長岡藩の失敗の根幹は、「重武装の局外中立」という路線を選択したことにある。司馬遼太郎の作品の一つ『峠』のなかにも登場する幕末長岡藩の軍事総督・河井継之助は、ガトリング砲など最新鋭の武器を買い入れるなどして近代的軍隊を設立した。強い軍事力を背景に、戊辰戦争で局外中立政策をとろうとしたが、結局、奥羽越列藩同盟に参加し、最後は北越戦争で新政府軍に敗れた。

日本がこれから自力をつけることは、きわめて大切なことである。だが、それがどのくらいの実力のものかは、つねに冷静に見ておかねばならない。日本が、米中間で「局外中立」

を保てるほどの力を持てるかというと、二〇三〇年をターゲットイヤーとするなら、かなり難しいだろう。かりにトランプ大統領が、今後もし本当に「日本の核武装を認める」といいだし、日本がそれに従って動いたとしても、ようやくギリギリ間に合うか合わないか、というぐらいである。

そもそもそんな仮定も、あまりあてはまらないだろう。トランプは選挙中のこの発言も撤回しているのだから。

日本はすでに二つの過ちにより、二周遅れの国になっている。

一つは平和憲法論である。昭和二十一年からいっさい変わらず、ひたすら憲法を守ってきた。まさに「何事も学ばず、何事も忘れず」で、現実世界を見ていないのである。

もう一つの誤謬は、世界の変化にまったく対応できていないことである。アメリカとの日米同盟路線に基づき、中国を包囲し、抑止するという選択肢しか持たない。そこには民主主義、基本的人権、法の支配、市場経済といった「普遍的価値」に基づく外交という大義名分はあるが、それはしょせん他人（アメリカ）の言葉にすぎない。もし、それが世界共通の価値観となっているとしたら、これを前面に打ち出すと、今度はいざというとき後ろへ下がれなくなる。

つまり、いまの日本はギリギリの局面になったら、おそらく事態の圧力に負ける。自前の戦略や気概を持たなければ、いくら核を持って憲法改正しても、自分から事態を切り拓いていく力はないからだ。もしそこでアメリカが手を引けば、日本は終わりである。

だがしかし、だからといって幕末の河井継之助になってはいけない。たとえば、米中が正面から衝突するとき、もはや局外中立などという夢を見られる段階ではない。それなら何もしないほうがいい。風に揺られる柳のように。徹底して柔軟に生きる。もちろん自力をつけることも大事だが、大勢を見るに敏に行動することも大事であるという哲学もありえよう。「寄らば大樹」というか「強いほうにつく」ということである。

いずれにせよ、もし日本がそういう状況に巻き込まれるとしたら、日本に残された時間は長くない。日本はそれまでを、どう過ごすべきか。

今後いっそう浮上する世界の多極化時代にあって、「一極として立つ」という日本の選択が、非常に現実味を帯びて迫られている。そこへ移行する流れのなかで重要なことは、やはり大きな世界の動きに対応する柔軟性である。

まずは「海洋国家・日本」として生存の基礎を確保すべく、軍事力、情報力などの自衛のための自力をつける。そのうえで、アメリカが中国と妥協するような動きに出て「梯子《はしご》を外されたら終わり」になりかねない立場や、できもしない「局外中立」という夢想的な立場に自らを追い込むことのないよう、自らの振る舞いに最大限慎重になることである。

好むと好まざるとにかかわらず、日本にとって中国はつねに隣国であり、引っ越しはできない。トランプ政権になっても、依然アメリカを圧倒するほどの膨張を続けようとする中国のもたらす問題は、今後、つねに日本の頭にのしかかり続ける。そのなかで、日本の生きる道をどこに求めるかということを、もっと真剣に考えなければならないときがきている。

はっきりいえるのは、アメリカか中国か、どちらかを選ばざるをえない局面は、日本にとって有利ではないということである。理想は、アメリカと中国から「引っ張りだこ」になる状態だが、引っ張りだこになる状態は、国際外交の世界では危険でもある。場合によっては両方を失い、自らを焦土と化しかねない。それが先に見た長岡藩である。

そう考えたとき、最大限、自力をつける努力を加速すべきである。そのうえでなお、われわれは自分の力をけっして過大評価してはならない。同時に、価値観や昔からのしがらみに引っ張られてもいけない。大義名分として掲げた「普遍的価値」も捨てるときは捨てる。日本の生存こそが最優先課題である——ここまでの覚悟を、「トランプのアメリカ」が現実となったからには、二〇三〇年に向けて、日本は持たなければならない。

「大きな底流」を見つけるためのシナリオ考察

いまの日本は、本当の意味で臥薪嘗胆《がしんしょうたん》的な局面にきているといえる。だからこそ、本章の冒頭で述べた生き残るための外交の要諦――「大きな底流を早く見つける」「しっかり準備をして、できるだけゆっくり行動する」「交渉事は、つねに粘り強く主張する」「大きなものが動くところでは、あるところで潮目を見て潔く譲歩する」――をわが身に徹底させる必要があるのである。

そして、われわれは「大きな底流を早く見つける」ために、いくつものシナリオを考えておかなくてはならない。

今後、アメリカが中国になびいていくシナリオも十分に想定できる。そうなれば日本は四の五のいわずに、この二国についていくしかない。

たとえばアメリカが中国との「大いなる妥協」に走りはじめたら、われわれはもっと先を走るというシナリオもあろう。いわば〝田中角栄モデル〟である。

ただし、実際にそんなことをすれば、足元を見られて大変な損失を出す。まず尖閣諸島は〝お土産〟として、中国に差し出さざるをえないだろう。台湾問題も困難な局面に直面することになるだろう。さらにいえば、アメリカが再び中国との敵対に舵を切ったときに、日本の立場は決定的に悪化せざるをえない。

純粋に頭の体操として、たとえば「中国が共産党体制を清算し、本格的な民主化が始まったら」というシナリオを考えてみるのも参考になる。もっとも、日本の中国専門家の答えは一致している。「共産党でなくても、中国はいまと同じことをやる」である。すなわち、「覇権国」をめざす。これは「中華民族の夢」であり、「共産党の夢」ではない。

逆にいえば、いずれにしても日本の生きる道はきわめて狭く、一歩間違えると千尋《せんじん》の谷底に落ちるリスクがあるのである。

大事なのはアメリカに「位負け」しないこと

では、今後の残された十年をどうするか。

いまならまだ打つ手がある。キーワードは「プラグマティズム（実用主義）」である。もはや「共通の価値」や「普遍的価値」といった観念論の世界ではない。一つでも目標に向かって、現実を変えるべく前に進む。日本にとって、まず第一の国益は生存、すなわち「平和」と「安定」である。そのためにいま、何が必要か。

まず、新しいパートナーを増やすこと。価値観が少々違っても、日本の安定に有用なパートナーを持つ可能性を模索する。それがロシアであってもいい。しかし、ロシアはけっして信頼できるパートナーとはなりえないだろう。なぜなら、ロシアの軸足を考えたとき、ロシアが日中のどちらを取るかといえば、その対米戦略を考えれば中国を取るのは当然だからである。それまで、領土問題で要求してくる日本など、適当にあしらっておけばいい。これに対し、日本はどのような手を打つべきか。

さらに、日本は一度振り上げた「普遍的価値」の拳《こぶし》を、いかにうまく下ろすか。いくら「普遍的価値」といったところで、中国は「法の支配」など認めず、南シナ海に押し出してくる。日本が「法の支配」を前面に打ち出し、世界中に働きかけることも大事だが、最終的に中国が引くことはないだろう。では、日本はどうするべきか。

ここで日本が参考にすべきは、再び日本人に知られた歴史上の事例を挙げると、幕末維新の危機において、先の長岡藩と対照的な態度をとった、尾張藩の選択である。

御三家の筆頭でありながら、尾張藩はいち早く薩長藩に味方した。これこそ日本の未来を暗示している。古くからのしがらみを捨てるべき局面に、いま日本は一歩一歩近づいている。

ただし、これは非常に危険で、大きなリスクを含む。まずは、頭越しに、あるいは裏取引をして中国に接近しかねない傾向をどこかに宿しているアメリカの新政権とトランプ大統領の対中戦略を十分に見定め、「しっかり準備をして、できるだけゆっくり行動」し、「大きなものが動くところでは、さまざまな角度から潮目を見て、つねに慎重に行動」することが必要である。

不透明なトランプ・アメリカの対アジア・対中戦略の動きを前にして、日本が追い込まれている現在の状況は、悲観すべき話というより、むしろ「新しい時期がきた」と捉えるべき話でもある。その第一は、何といっても「自立への気概」である。もっといえば、自立こそ、これからの日本のあらゆる局面でのキーワードとすべきものである。

繰り返しになるが、先に挙げた「生き残るための外交の四つの要諦」をしっかりとふまえながら、もう一方で、しっかりと自力を高めていく努力を続けていかなくてはならない。自力を高めつつ、なお「局外中立」あるいは「寄らば大樹」的なずるい術策などは模索せず、従来とってきた基本線を守って臥薪嘗胆を続ける。そのような努力をしなければ、最終的に日本はどんどんと最悪の状況へと押しやられてしまうだろう。

やはり、最大の「ブラックボックス」はアメリカである。

ここで日本が学ぶべきは、アメリカを最初からあてにせず、本当に大事なときだけアメリカの力を利用するイギリスのあり方である。

たしかにイギリスはアメリカを最大限利用しているが、それができるのは、「位負け」していないからである。日本も価値観に関わる精神的・理念的な点で、いつまでもアメリカへのコンプレックスから「位負け」していてはならない。

「日本は中国に対しても『位負け外交』をしている」などと非難する人もいるが、価値観の点でいまも、われわれが最も位負けしているのはアメリカである。こうした点で払拭しがたいコンプレックスから位負けした状態での依存心理を清算しなければ、今後の時代、日米の同盟関係はうまくいかない。いまのように大きな依存を続けていたら、同盟がいつか破綻するのは当然である。

しかし、こうした対米依存心理の清算をできなくさせているのが国内情勢で、いわば「戦後の生き残り世代」たちである。さらにその下にも、冷戦後世界の秩序の崩壊という「新しい現実」を認めない人たちがいる。「アメリカの力は衰退していない」「中国やロシアに依存するわけにはいかないのは誰だってわかるはずだ」といって、従来の対米追従外交にしがみつこうとする人びとである。すでにオバマのアメリカが「世界の警察官」の地位を自ら放棄しはじめ、いままたトランプ大統領の登場を見ているのに、「自主防衛すれば、アメリカ、中国双方を敵にするからダメだ」と頑なに否定する。

たとえ、長期的視野から徐々にではあっても、日米同盟から少しずつ自助努力の方向に力点を移してゆく選択を、なぜ、それほど忌避しようとするのか。そこには何か、特殊な利権でも絡んでいるのか、と疑いたくもなる。

こうした考えは、いまや完全に古びている。にもかかわらず、彼らが世論や政府を牛耳っている。ここが日本の生存にとって、最大の隘路《あいろ》なのである。

いまこそ突き抜けた歴史的思考を持て

結論をいえば、はっきりしているのは、日本の針路をめぐる戦いの最大の激戦場は「国内」だということである。「戦後」への執着と「冷戦後（のアメリカ一極時代）」への固執による日本の二周遅れを、いかに正すか。

まずは、戦後の誤った平和主義、世界を見ようとしない非現実主義、日本独自の独善的な世界観に基づく護憲論を改めることが先決であることは当然である。しかし、皮肉をいえば、いまや日本があまりに遅れているため、新しい世界のなかであくまでも変わらない日本が、奇妙に正しく見える局面さえ出かねない。あくまで皮肉のための表現なのだが、将来、日本が日米同盟より日中同盟の道を選ぶような事態が到来し、横須賀からアメリカ海軍が完全撤退して、中国艦隊が房総沖に常駐するような事態が起きたとすれば、日本にとって最もよい選択はたしかに非武装ということになろう。ときの日本政府が、「いまこそ憲法九条の理想を完全に現実化するときがきた」とでもいおうものなら、中国共産党は大喜びするに違いない。

本章で何度も繰り返してきたように、国際社会を生き残るギリギリの要諦は、まずは「早く見つける」ことである。ただし行動に移す前に、さらにじっくりと情勢の推移を見る。そして最後の詰めをきちんとしてから、確実に手を打っていく。一国の対外戦略において「拙速」は何があっても避けなければならない。

他方、交渉は粘り強く、徹底的に主張する。しかし潮時がきたら、即座に譲歩する。いわば「潮時を読む感覚」であり、「空気を読む能力」が必要である。だから交渉者には特殊な感覚の持ち主が求められるのである。

そうした点で参考にすべきは、やはり歴史である。振り返れば、日本人には学ぶべき歴史がたくさんある。習近平ら現代中国のリーダーにしても、彼らが外交を考えるときのインスピレーションの源泉となっているのは、「三国志」や「戦国策」といった歴史物語である。先に挙げた元CIAの中国研究家マイケル・ピルズベリーも『China2049』のなかで、中国人の外交行動を理解するには「三国志」を読めばいいと繰り返し述べている。「天《あめ》の下、新しきものなし」といわれるように、多くのことを歴史が教えてくれるというわけである。

ところが、それを認めたくない人、「現代に歴史は通用しない。そんな考え方は古い」という人が、間違えるのである。

ちなみに多くの日本人が情報を見るときに、三つの間違えやすいことがある。

一つは、ある情報に触れたとき、それが「新しい見方か、古い見方か」にこだわることである。「古い」と見られることを根拠なく恐れて、新奇なものに魅かれる弊が日本のリーダーにはある。

二つ目は「多くの人がそういっている」ということだけを意味もなく根拠だと考えること。

三つ目は「わが国にとって都合が悪いことは口にするな」である。これは「日本にとって都合のいい話なら大々的にいっていい」ということでもあり、こうした集団主義的な強いタブー感覚に発する自主規制も、国家としての判断を間違わせる大きな要因である。

これは日本のインテリのレベルが、いまだ十分近代的でないことでもある。たしかに、長い苦難の時代を乗り越えてきた西欧のリーダーは、歴史的思考を外交に生かすことに長《た》けている。

われわれ日本人も戦国時代、幕末維新、あるいは戦後と多くの混乱期を経ている。同様の混沌とした世界に向かっている現在、やはり「天の下、新しきものなし」——そこまで突き抜けた歴史的思考が、これほどまでに重要な時期はないのである。

〈あとがきにかえて〉

崩れる世界秩序——すべては湾岸戦争から始まった

「ついに、そのときがきたのだ」

私はいま、そんな思いでいっぱいである。

あの湾岸戦争（一九九一年）が起こったときから、私は、必ずこのような危うい世界が到来することになろうと予想し、この二十五年間、そのことをずっと言い続けてきた。そして、いま、ようやく誰の眼にもわかる形で、世界は激しく音を立てて崩れ、明らかにこれまでの秩序は後戻りすることのない大変動を始めた。

実際、二〇一六年の世界は、中東の国際秩序が根底から崩れ、ロシアが旧ソ連でさえやらなかった中東への正面切った軍事介入をシリアでの内戦で行ない、イラク、リビア、イエメン、そしてアフガニスタンなど中東のいたるところで凄惨な紛争の地獄絵がかつてない規模で展開され、同時に世界各地で中東発のテロがいっそうの広がりを見せた。そうした光景のなかで一年が明け、そして十二月、イタリアの国民投票での、EUの共通通貨・ユーロからの離脱を訴える政党の勝利とともに暮れた。

とりわけ、同年年央の六月にはイギリスの国民投票によるEUからの離脱が現実のものとなり、ついにヨーロッパ統合という冷戦後世界の一大潮流が決定的な挫折を蒙《こうむ》った。一つになろうとすると、つねにバラバラに分裂する動きが浮上してしまう。この、何百年と繰り返されてきた欧州文明の本質に関わる「歴史の構図」は、けっしてなくなってはいなかった。

また、この一年は、これまでにも増して力によるゴリ押しを強める「習近平の中国」と「プーチンのロシア」が、この日本にいっそう強くのしかかってきた。

そしてついに「トランプのアメリカ」が動きだした。早速にTPPからの離脱を宣言し、アメリカはいわゆる「孤立主義」への歩みを加速させている。

しかしじつは、トランプの前任者オバマの時代から、アメリカはそれまでの「唯一の超大国」路線に基づくグローバルな覇権戦略から一転して、孤立主義への歴史的な撤退を進めてきた。つまりこの流れは、誰それがアメリカの大統領になったから、などというよりも、もっと構造的なもので、いわばある種の「歴史の必然」ともいえる流れなのである。このことは、すでに本書のなかでも繰り返し論じたところである。

それにしても、なぜ冷戦後の世界は、ここまで混迷を深めてしまったのか。

その根本的な原因は、やはりアメリカのあの戦争にあったといわなければならない。そう、まさに、あの湾岸戦争が今日の世界情勢の大きな混迷の原因だったのである。

湾岸戦争の本質とは、「ベルリンの壁」の崩壊（一九八九年）後、当時いわば自然発生的に浮上しつつあった「多極化の流れ」と「主要国の協調」に基づく新しい国際秩序への動きを封じ、アメリカの一極覇権を確立するために、折から起こった中東の局地紛争がブッシュ（父親）政権のアメリカによって利用された、アメリカによる覇権創出のための戦争という点にあった。すなわち当時広く浮上していた、「アメリカとともに、ゴルバチョフのソ連や統一ドイツをはじめとする欧州、日本、中国、インドなどが、より対等な形での『多極間協調』に基づいて、冷戦後世界における現実的な新秩序を構築しようとする動き」をあえてアメリカが阻止し、それに代わってアメリカの一極覇権的《ユニ・ポーラー》な〝世界新秩序〟を打ち樹《た》てるために、「国連の戦争」つまり国連決議を利用した「アメリカによる戦争」として行なわれたものであった（この間の具体的な外交の展開やアメリカをはじめとする各国の動きは、最近の情報公開でかなり明らかになってきた）。

そして、周知の通り、この戦争での華々しい勝利が「アメリカ単極のとき」つまり「アメリカの一極体制」をもたらしたのである。

しかし、じつは一極覇権の世界ほど不安定なものはないのである。なぜならそれは、各国間の力の「誇張された不均衡」を大前提としており、その過度に喧伝された一国の「力の優位」は通常よりも早く追いつかれて、世界はより顕著に不安定化するからである。さらに、そのような「一極支配」的な国際社会では、当然ながらその一国に過大な発言権が生まれるから、国際関係の根本規範に関わる「国家間の対等」という道義的な「正統性《レジティマシー》（あるいは正当性）の欠如」を内在した——平たくいえば、正義の独占は多くの挑戦者を生むから——、本質的に壊れやすい秩序システムとなるのである。

私は湾岸戦争の直後から、このことを繰り返し論じ続けてきた。しかし「アメリカ一極」の白昼夢に浸る西側、とりわけ平成の日本では孤高の声でありすぎたのかもしれない。そして予想したとおり、その後の米一極覇権の世界では急速に各地に紛争が広がり、次から次へと世界の秩序を支える枠組みが崩れてゆく流れが加速していった。

眼前に展開する国際政治の分析とともに、巨視《マクロ》的な国際秩序の歴史や文明史を長く学んできた私の眼からは、当時から、どう見てもアメリカの「一極体制」は長くは続かず、早晩、何らかの形の多極的な秩序へと世界は移行してゆくはずだとはっきり見通すことができた。問題は、この必然的に起こる「移行期のリスク」の大きさである。

実際、この二十数年、私はずっと、願わくはこの移行が日本の破壊につながるような「世界の激動」ではなく、できうれば、より緩《ゆる》やかで穏健なプロセスであってほしい、と思ってきた。何よりも、日本人の意識が、そうした前途に横たわる大きなリスクに気づいていない現状を深く憂慮することが多かった。それゆえ私は、今日まで各局面で、他の多くの論者よりも強い調子で警鐘を鳴らすことに努めてきたのである。

しかし、もはや警鐘を鳴らす時期は過ぎ去った。

いまやわれわれの眼前に、もはや誰にでもわかる大きな危機が到来しているのだから。「トランプ、プーチン、習近平」の三人が勢揃いした世界が、日本にとってもはや安泰な世界であろうはずはない。それゆえ私は、今後は警鐘を発するのはやめにして、到来したこの嵐のなかで現実的に少しでもダメージを少なくしつつ、むしろこの危機を超えた向こうに、どんな世界が待っているのか、やはり二十数年のスパンという長い眼で、おそらくはもっと明るい未来――それは必ず到来する――を見つめた議論を展開してゆきたいと思っているのである。

それにしても、湾岸戦争直後のあの時代、〝至福千年〟論にも似た調子でアメリカ一極の「世界新秩序」の到来が謳《うた》われたのに、それがここまで真逆の「暗転のシナリオ」に陥ってしまったのはいったい、なぜなのだろうか。

日本の国際政治学者や評論家は、まだ誰一人としてそうした議論を提起しようとはしないが、さすがにこの一〜二年、アメリカではそうした冷戦後世界のこの劇的な秩序崩壊について、率直な反省と総括のための研究や評論が現われてきている。たとえば、有名な国際政治学者でジョンズ・ホプキンズ大学教授のマイケル・マンデルボームの近著『失敗に終わった使命――アメリカとポスト冷戦時代の世界』(Michael Mandelbaum, *Mission Failure:America and the World in the Post-Cold War Era*, Oxford University Press, 2016. 本邦未訳) は、その代表例である。

他の多くの類書も同旨のモノが多いが、いずれも私がこの二十五年間、指摘してきた冷戦後のアメリカの国策の誤りに、この失敗の主たる原因を見出している。ようやくアメリカの良識が、冷戦後のアメリカの世界戦略の根本的な過ちに気づきはじめたのだが、時すでに遅し、というべきか。「トランプのアメリカ」に、こうした率直な自己検証を受け入れる余地が、はたしてどこまであるのか気になるところだ。

そしてここでぜひ、次のことをいっておきたい。この二十年あまり、私がいまや現実となった、この「冷戦後世界の暗転シナリオ」（たとえば本書の第一章および第六章で論じているような五つのシナリオ）について、あたかも「カッサンドラの予言」のように一見、悲観的な予測と警鐘を鳴らし続けてきたのには、次の三つの理由があったからである。

一つは、「冷戦に勝利した」と過度に勝ち誇ったアメリカをはじめとする西側――日本もその一部を成していたかもしれない――で、湾岸戦争後に広がった野放図なグローバリズムと独善的な「世界新秩序」論への批判と警鐘の必要があったからである。

第二に、それと関連して、より安定した平和と秩序をつくりだすためには、そうした抽象的な価値観や理念に溺れることなく、むしろ「謙虚で慎重な現実主義」に則って、少しでも「ましな世界」をつくろうとすべきこと、そしてその可能性が十分にあることを訴えたかったからである。そしていまこそ、こうした議論がいっそう切実に求められるときを迎えているのである。

第三に、戦後の迷妄に加えて冷戦後の時代に入っても、国としての自立、すなわち自らの運命を自ら切り拓こうとしない日本と日本人に、前途に待ち受ける大きな危機に対し注意を喚起し、一日も早く覚醒《かくせい》してほしいとの思いから、いわば「日本よ、目覚めよ」という必死の呼びかけとして声を発してきたつもりだったのである。本書の読者にも、こうした私のメッセージが伝わっていたら、この上なく幸せなことだと思う。

そして最後に、次のことを付け加えて筆をおきたい。それは、より長い射程で未来を見つめると、いま世界はじつはむしろ「よい方向に向かって動いている」のだということである。今後、二十〜二十五年のスパンで未来を見通せば、そこには第二章でも触れたように、「本当の冷戦の終わり」ともいえるような、安定した持続的な世界秩序の定着が始まっている可能性が高いからである。

日本人はとりわけ「アメリカ一極の世界」への執着が強いから、「多極化の世界」と聞くと反射的に、不安定で紛争多発の危ない世界、とのイメージにとらわれるが、じつはもっと安定的で公平な、いわば「明るい多極化世界」というものがあるのである。戦前の帝国主義の世界や戦後のパックス・アメリカーナしか知らない日本人は、多極化した安定的秩序の世界という歴史経験やイメージに乏しい。二〇四〇年代には必ず訪れるであろう、この「よりよい世界」への根太い楽観主義を説く必要が、とくにいまの日本には大いにありそうである。

本書では、それまでのあいだ、つまりその前に待ち受ける「危うい過渡期」への対処を主として論じたが、次作においてはぜひ、その先にある「もう少し素晴らしい新世界」について論じたいと思っている。

平成二十八年十二月

中西輝政

PHP新書
PHP INTERFACE
http://www.php.co.jp/

中西輝政［なかにし・てるまさ］

1947年、大阪府生まれ。京都大学法学部卒業。ケンブリッジ大学大学院修了。京都大学助手、三重大学助教授、スタンフォード大学客員研究員、静岡県立大学教授を経て、京都大学大学院教授。2012年に退官し、京都大学名誉教授。専門は国際政治学、国際関係史、文明史。1990年石橋湛山賞。1997年『大英帝国衰亡史』（PHP研究所）で第51回毎日出版文化賞・第6回山本七平賞を受賞。2002年正論大賞受賞。近著に『日本がもっと賢い国になるために』（海竜社）、『日本人として知っておきたい外交の授業』『国民の文明史』『中国外交の大失敗』（以上、PHP研究所）、『アメリカ外交の魂』（文藝春秋）、『帝国としての中国（新版）』（東洋経済新報社）など。

日本人として知っておきたい「世界激変」の行方
（PHP新書1076）

二〇一七年一月五日　第一版第一刷

著者――中西輝政
発行者――岡　修平
発行所――株式会社ＰＨＰ研究所
東京本部――〒135-8137 江東区豊洲5-6-52
学芸出版部新書課 ☎03-3520-9615（編集）
普及一部 ☎03-3520-9630（販売）
京都本部――〒601-8411 京都市南区西九条北ノ内町11
組版――有限会社メディアネット
装幀者――芦澤泰偉＋児崎雅淑
印刷所
製本所――図書印刷株式会社

ISBN978-4-569-83224-1

ＰＨＰ新書刊行にあたって

「繁栄を通じて平和と幸福を」（PEACE and HAPPINESS through PROSPERITY）の願いのもと、ＰＨＰ研究所が創設されて今年で五十周年を迎えます。その歩みは、日本人が先の戦争を乗り越え、並々ならぬ努力を続けて、今日の繁栄を築き上げてきた軌跡に重なります。

しかし、平和で豊かな生活を手にした現在、多くの日本人は、自分が何のために生きているのか、どのように生きていきたいのかを、見失いつつあるように思われます。そして、その間にも、日本国内や世界のみならず地球規模での大きな変化が日々生起し、解決すべき問題となって私たちのもとに押し寄せてきます。

このような時代に人生の確かな価値を見出し、生きる喜びに満ちあふれた社会を実現するために、いま何が求められているのでしょうか。それは、先達が培ってきた知恵を紡ぎ直すこと、その上で自分たち一人一人がおかれた現実と進むべき未来について丹念に考えていくこと以外にはありません。

その営みは、単なる知識に終わらない深い思索へ、そしてよく生きるための哲学への旅でもあります。弊所が創設五十周年を迎えましたのを機に、ＰＨＰ新書を創刊し、この新たな旅を読者と共に歩んでいきたいと思っています。多くの読者の共感と支援を心よりお願いいたします。

一九九六年十月

ＰＨＰ研究所